JN251833

心を省みる

四季折々の仏教の教え

長谷慈弘

瀬戸内人

心を省みる——四季折々の仏教の教え——目次

はじめに――異なる木を見る　八

四月

心の水脈　一二
釈尊誕生　一四
桜花　一六
一年有半　二〇
巣立ち　二四

五月

師僧のおもいで　二八
流水灌頂　三二
鳥の声　三六
賢善一夜偈　四〇
挨拶　四四

六月

わたしは混沌　四八
あるがまま　五〇
六窓一猿　五二
出家問答　五六
梅雨の頃　六〇

計らいなく他に接し、計らいなく他が接すれば、
そのままで自然に適っている

今が始点であるからこそ、過去から学ぶことが可能となり、
未来に対処することが可能となる

人生のあらゆる寒暑が、そのままで、
輝きに満たされていることの自覚が「あるがまま」

七月
ジャンケン法意　六四
執らわれない心　六六
蟬の声に聴く　六八
捨てること　七〇
沈黙と雷　七四

八月
災難の生き方　七八
私意を離れる　八〇
火も自ずから涼し　八二
エール交換　八六
心の調律　九〇

九月
常識　九四
老い　九六
河を越えて　九八
透明な風景　一〇〇
秋の響き　一〇四

「執らわれない心」と言われれば、
「執らわれない心」に執らわれるのが私たちである

運命から逃げず、怯まず、たじろがない。
災難に逢えば、抗うことなく災難を生きる

私たちが為すべきは、「老い」に翻弄されることではなく、
無相の心を実現すること

十月
分別　一〇八
友人のおもいで　一一〇
守・破・離　一一二
名残の月　一一四
絶対秘仏　一一八
十一月
出会い　一二二
風・幡・落ち葉　一二四
守・破・離（二）　一二六
木鶏　一二八
一休禅師忌　一三〇
十二月
成道会　一三四
ゆるし・寛容・慈しみ　一三六
守・破・離（三）　一三八
臘八　一四〇
蜘蛛の糸　一四二

完全無欠は美しい。
その同じ美しさが、不完全で欠けたものにも看取される

一度捨ててしまうこと。
凝り固まった頭をほぐし、心を重圧から解き放つ

「無学」「離」の境涯は、「何もないことの中に、
尽きることのないすべてがある」世界である

一月
翁　一四六
丑年に憶う　一四八
雪の情景　一五二
卯年の初めに　一五六
龍　一五八
二月
白髪生ずれば　一六二
水中の水滴　一六六
涅槃会　一六八
「時空」感　一七二
蝶の羽ばたき　一七四
三月
知るを知る？　一七八
心を省みる　一八〇
年功序列　一八二
恩師との出会い　一八四
終活　一八六
あとがき　一九〇

百花の先陣をきる開花のたよりは、
やがて来る春の暖かさを予感させる

「すべてのものは移りゆく。
怠ることなく、つとめなさい」

表面に現れた行為のみならず、未だ表面に現れぬ
心中の行為を等閑にしないことの大切さ

ここで存在が花している

花が咲いている、そこに我あり

——井筒俊彦

——西谷啓治

心を省みる——四季折々の仏教の教え

はじめに――異なる木を見る

「こんなに悲しい桜の花を見たことがありません」

満開の花を眺めながら、奥さんは涙を浮かべていました。最近、ご主人を亡くされたのです。

奥さんにとって、今目前に咲き誇る花は、悲しみ一色に染まった憂いの象徴なのでしょう。生前のご主人とのおしどりぶりを知る私には、花の下で楽しそうに笑う、かつての二人の姿が容易に想像できました。

心象風景ということばがあります。心のあり方によって色づけられた景色です。

心たのしいときはバラ色の世界が、心かなしいときは灰色の世界が展開します。あるときは希望に満ちた桜木がそばだちます。あるときは絶望の切なき桜雲が広がります。どちらも同じ桜の木ですが、主体（心）のあり方の違いによって、かくも異なる木を見るのです。

仏教に「一処四見《いっしょしけん》」という喩言があります。同じ場所・空間（一処）に、人間は水を、天人は瑠璃《るり》の池を、餓鬼は膿血《のうけつ》を、魚は住処を見る（四見）というのです。

それぞれの主体のあり方の違いによって、描き出す世界が異なることを言います。ひるがえって、どんな世界の住人となるかは、ひとえに、心のあり方によっているのだということを説くものです。

自心《じしん》のあり方次第で、地獄の猛火に焼かれる身ともなれば、仏国土でありのままに法を聞く身ともなるのです。心には、そんな可能性が秘められています。

本書『心を省みる』では、四月から翌三月までの各章につき、五篇ずつのエッセイを収録しています。春夏秋冬、移りゆく季節の中で感じるふとした「気づき」を通して、心のあり方を、見つめてみました。

四月

計らいなく他に接し、計らいなく他が接すれば、
そのままで自然に適っている

心の水脈

四月二十八日はサンフランシスコ講和条約が発効した日です。今から半世紀以上前、昭和二十七年のことです。前年九月八日に調印されたこの「対日平和条約」によって正式に日本と連合国との戦争状態は終結し、時代は大きな節目を迎えたのでした。

さて、この条約締結と調印のための会議においてなされた、セイロン（現スリランカ）代表のジャヤワルダナ氏の演説はよく知られています。氏は、演説の中で大師（釈尊）のことばを引用し、日本に対しての損害賠償を放棄しました。

「我国は、損害賠償を要求する権利を行使しようとは思いません。なぜなら我々は大師のことばを信じているからです。「怨《うら》みは怨みによっては消えず。ただ怨みから離れることによってのみ消える」という大師のメッセージは、アジアの数えきれないほどの人々の生涯（生活）を高尚なものにしました。仏陀、大師、仏教の元祖のメッセージは、人道の波を南方に伝え、また北方に伝え、そして最後には日本へ伝えました。これが数百年もの間、共通の文化と伝統でお互いを結びつけたのでありますそしてこの共有の文化は今もなお存続していますⅠ……」

氏のことばは、慈悲と忍辱《にんにく》を説く仏の教えに深く根ざしています。私たちにも同じ心の水脈が流れています。自心を常に見つめ直し、その水脈を辿らねばなりません。

怨みは、怨みを重ねて止むことなし。
慈悲によって、怨みは滅ぶ。
闘わず、諍《あらそ》わず、一切を愍《あわれ》むならば、
患《うれ》いは尽きて、諸仏の境涯と共ならん。

――『ダンマパダ』

釈尊誕生

四月八日は釈尊誕生の日です。釈尊は生まれるとすぐに七歩あるいて右手を挙げ、「天上天下《てんじょうてんげ》唯我《ゆいが》独尊《どくそん》」と唱えたと伝えられています。この象徴的な説話は、さまざまに読み解かれてきました。

一個の人間が生まれるということは、個人としての名前と個性的な容姿を持つことです。釈尊の場合は、ガウタマ・シッダールタという名前を持ち、三十二相八十種好《しゅごう》と言われる相好《そうごう》を持ちました。名前と形相が付託されることで、一個人として相対的に限定されます。

ところが、この誕生したばかりの幼子が、「天上天下唯我独尊」と独白します。

「相対的で限定された自我に留まらず、すべてにわたって（天上天下）存在し、ただ一つ（唯）の大我（我）であり、絶対（独）であり、故に尊い（尊）」と宣言したのです。名と形が付託されながら、しかも、それに縛られることのない存在であることを表白したのでした。

釈尊誕生の少し前に成立した『チャーンドーギヤ・ウパニシャッド』に、こういう譬《たと》えがあります。

土を材料としてつくり出されたいろいろな器物、鉢、壺、茶碗などは、すべて土である。さまざまに区別されるそれら個々別々の器物は、どの一つをとっても土であることに違いはない。

土であることが、土であることだけが、すべてに通じる実在性の真相であり、個々別々の器物は「名と形」を手掛かりとして、ぞれぞれの個別性を演出しているにすぎない。

一つの器として生まれながら、すべての器に遍在する存在、「釈尊」の誕生です。

桜花

この時節、やはり桜が気になります。
「年を経て待つも惜しむも山桜　心を春は尽くすなりけり」と西行法師は詠まれていま
す。この気持ちがとてもよくわかります。花が咲くのを待つにつけ、そして散るのを惜
しむにつけ、桜の春は何とも心さわぎます。
先日、高野山へお参りする機会に恵まれました。この時期を逃すまいと、お参りがて
ら和歌山から奈良にかけての山々を、花を求めて巡りました。
満開までにはあと一歩というところでしたが、それでも吉野山は、視界一面を山桜が
優雅に埋め尽くしていました。さすがに日本屈指の桜の名所です。同じく、見渡すかぎ

りの山桜で見事なのが長谷寺でした。

また、孤高の存在感を漂わせる一本桜もありました。本郷の瀧桜（又兵衛桜）は、樹齢三百年とも言われる枝垂《しだ》れ桜。大野寺には、これも見事な枝ぶりを見せる樹齢三百年の小糸枝垂れ桜と紅枝垂れ桜。仏隆寺の桜は、樹齢九百年を超える望月桜です。

他にも有名無名の桜たちが、そこここに咲き乱れ、咲き匂っています。

忘我の境というのでしょうか。桜花と私が溶けあう空間に漂い遊んでいると、ふと、良寛さんの詩が心に浮かびました。


花は無心にして蝶を招く、蝶は無心にして花を尋ぬ。

花開くとき蝶来たり、蝶来たるとき花開く。

吾また人を知らず、人また吾を知らず。

知らずして、帝の則《のり》（自然のあり方）に従う。


無心にして、花と蝶は招き尋ねあいます。「花開く」と「蝶来たる」に後先はありません。同時で一つ、それがすべて。互いに対する認識は必要ありません。

計らいなく他に接し、計らいなく他が接すれば、そのままで自然に適っているのです。

一年有半

現在、お葬式といえば「葬儀（式）と告別式」を合わせて執り行うのが一般的です。「葬儀」とは、遺族・近親者が故人を葬る宗教儀礼です。「告別式」とは、有縁の会葬者と故人とのお別れの式典です。

日本で最初に告別式で送られた人物は、中江兆民であると言われています。明治三十四（一九〇一）年のことです。

兆民は数々の奇行から、無頼遊蕩《ぶらいゆうとう》で破天荒な変人として語られます。

「実に単刀直入で、思う所を云《い》い、為《な》したいことを為すという点に於《おい》て我邦《わがくに》の絶品だ」（同郷の政治家・大石正巳）と評されています。

その直言と行動は、周囲をおおいに困惑させましたが、先入観や常識にとらわれていないことの証しでもありました。

兆民が「余命、一年半」と宣告されたのは、五十三歳のときでした。残された時間を惜しむかのように随想風の書『一年有半』を執筆します。

書の冒頭で一年半という寿命は自分にとって「豊年なり、極めて悠久なり」と言い「一年半を短いといえば、十年でも、百年でも短い。そもそも無限の時間に比べれば、有限の人生は始めより無きに等しい。一年半も無、十年も百年も無である。我が身はあたかも、虚無の海の上に浮かぶ一艘の幻の舟のようなものだ（虚無海上一虚舟）」と書き起こします。

思いのままに綴られた論考の中、義太夫節への心酔ぶりは印象的です。太夫の、飾り気なく淡々とした身振りと物事に動じない声に、人間の行き着いた姿を見ていたのかもしれません。

態度の自然に出でて、少しも無理と当て込みとなきこと、老練の極《きわみ》といふべく、彫《ちょう》琢《たく》して璞《はく》に帰へるものといふべし。

（自然に立ち居振る舞い、気負いと作為的な飾り気から離れた姿は、老練の極みであって、練り磨かれた末に、本来あるがままの素朴にかえり到った、と言える）

ちなみに兆民は、医学者を除いて献体を行った最初の人物であるとも言われています。

巣立ち

早朝の散歩が、随分と心地よい季節になりました。

散歩コースにある小学校の桜も満開です。足を止めて花を眺めながら、先日この場所で出会った母娘のことを思いました。

二人とは、ときおり挨拶を交わすほどの顔見知りです。その母娘が大きな荷物を持って歩いていています。

雰囲気から察しがつき、「おめでとうございます」と声をかけました。話によると、娘さんが京都の大学へ進学するそうです。娘さんの、少し不安げで、しかし希望に満ちた表情がとても印象的でした。

ほんの数週間前のあのときには、桜はまだ堅いつぼみであったように思います。花の移ろいは駆け足です。待つ花から初花へ。やがて爛漫と咲き誇り、気づけば花吹雪の潔さです。

桜花の移ろいに、娘さんの今を思いました。新しい生活には、もう慣れたでしょうか。「がんばれ」と、心の中で呟きました。

さて、古くから子供たちの成長に感謝し、新たな自覚を促す節目の行事があります。「十三詣《まい》り」もその一つです。関西では盛んで、とりわけ京都嵐山の法輪寺は有名です。四月十三日（陰暦三月十三日）に、数えの十三歳になった児童が虚空蔵菩薩《こくうぞうぼさつ》に詣でます。虚空蔵菩薩は、広大無辺で尽きることのない智慧《ちえ》の母胎です。

その菩薩から智慧を授かった子供たちは渡月橋を渡ります。このとき、渡りきるまで振り返らないのが決めごとです。親は背後からわが子の名を呼びますが、子供たちは脇目も振らずにひたすら進みます。

舞いしきる桜吹雪の中、意を決し、歯を食いしばり前だけを見て歩む子供たちの姿は、悲しくも輝かしいものです。

流《る》転《てん》三《さん》界《がい》中《ちゅう》　恩《おん》愛《あい》不《ふ》能《のう》断《だん》
棄《き》恩《おん》入《にゅう》無《む》為《い》　真《しん》実《じつ》報《ほう》恩《おん》者《しゃ》

（生死の世にあって、恩愛を断つことはできないけれども、恩にすがりつくことから離れ、自分の道を極めること、それこそが真に、恩に報いる者である）

五月

今が始点であるからこそ、過去から学ぶことが
可能となり、未来に対処することが可能となる

師僧のおもいで

咲き初《そ》めた石楠花《しゃくなげ》を見ました。

この花を見ながら語られた、亡き師僧のことばを懐かしく思い出しました。

「石楠花きれいですな。でもあなた、石楠花の真実をご存じか。石楠化自身のことです。石楠花界の石楠花。人間界の石楠花と違います。それ覚《わか》ったら、きれいさも底抜け。それ覚らなんだら、限定付きのきれいというとこですかな。花は紅、柳は緑、そのままだ、といきたいところです」

さらに師僧は、荘子以来の譬《たと》え「月と指」「魚と筌《うえ》」に準《なぞら》えて話してくださいました。

「これが月だと示したい。指でもってさし示す。月が覚ったら指は忘れるんです。ところが人間、指を守って月を忘れとるんです。魚と筌《しかけ》も同じですな。魚を獲らんならんのに、筌ばっかり気になる。筌の優劣をいうて、魚獲るのを忘れとる。ここのところ、しっかりと考えてみてください」

そのとき、私は少し得意げに答えたのを覚えています。

「ゲーテであれば〈全ての知識は灰色で、緑なのは生の黄金の石楠花だけだ〉というところですね。〈地図は現地ではない〉と言ったのは意味論学者のコージブスキーでした」

思えば、何ともお粗末な発言をしたものです。

「月・魚」を教示されながら、「指・筌」しか見えていません。師からの忠告を受けたばかりなのに、その忠告通りの過ちを犯してしまったのです。

　私の答えを聞いた師僧の心中を想像すると汗顔《かんがん》汗背《かんばい》です。せめて無言でうなずくか、「大死一番」の一声「！」が発せられなかったものかと、今思います。

流水灌頂《ながれかんじょう》

初夏、当山では流水灌頂を勤修《ごんしゅ》します。

流水灌頂とは、水の加持力《かじりき》の内に先亡《せんもう》（ご先祖様）たちの成仏を祈る法要です。

この法要は、戦前には高松の春日川で執り行われていました。現在もにぎわう川市の起源でもあります。法要の縁起譚《えんぎたん》が『木太町郷土誌』にあります。

嘉永年間（一八五〇年前後）のある日のこと。春日川の土手下で遊ぶ子供たちが、牛の骨を拾った。子供たちは縄で大きな数珠を作り、その骨を中心にして輪になった。そして数珠を繰りながら念仏を唱える百万遍遊びをした。その夜、子供の親たちが皆同じ夢を見た。大きな牛が現れ、礼を言ったのだ。「きょう、川原でありがたい供養をうけました。おかげさまで成仏することができます」。親たちは驚いた。翌日、清光寺の誼皇阿闍梨《ぎおうあじゃり》に相談した。この出来事を機縁として、ひろく手厚く一切《いっさい》萬霊《ばんれい》を供養することとなり、流水灌頂の法会を修《しゅ》した。それより毎年、旧暦四月十八日の流水灌頂が恒例となった。その三年後には、藩より灌頂市の鑑札が下りた……。

なによりも、無心で遊ぶ子供たちの開かれた心が、成仏への扉を開いたのでした。ちなみに、冒頭でふれた加持については、空海の著書『即身成仏義』の中で簡潔に述べられています。

仏日《ぶつじつ》の影、衆生の心水《しんすい》に現ずるを加といい、行者の心水よく仏日を感ずるを持という。

（あたかも太陽のような仏の輝きが、人々の心の水に映じ現れるのを「加」といい、修行者の心の水が、その仏の輝きを感じることを「持」という）

仏の輝きをそのまま映し出すために鍵となるのは、ここでも、色づけのない、澄みきって開かれた心であると言えます。

この法要を終えると、梅雨のむこうに本格的な夏を意識します。

鳥の声

薫風に誘われて、山歩きに出かけました。

新緑が目にしみるほど美しい。瑞々しい緑が初夏の光にまぶしく輝き、芽吹いたばかりのやわらかい若葉は生気をみなぎらせています。

風と光を楽しみながらゆっくり歩いていると、鳥のさえずりが聞こえてきました。たくさんの鳴き声の中に、ひときわ耳に残る響きがあります。ホトトギスです。夏の訪れを告げる初音でした。

弘法大師・空海が、鳥の声を詠んだ詩があります。

閑林《かんりん》に独り坐す草堂《そうどう》の暁
三宝《さんぽう》の声一鳥《いっちょう》に聞こゆ
一鳥声有り人心有り
声心雲水倶《せいしんうんすいとも》に了了《りょうりょう》たり

（ひとり草堂で瞑想《めいそう》をしてむかえた夜明け、三宝［仏・法・僧］を唱える霊鳥の声を聞く。鳥の声と心は一体化し、自然のたたずまいのすべてが明瞭に見透せる）

――『性霊集《しょうりょうしゅう》』

鳥の声、私の心、そして空の雲、流れ行く水。そのすべてが渾然一体となり、互いのへだてを失う。それぞれのあり方で存在しながら、しかも互いに透明である。そんな融和の世界を詠んだ詩です。この境涯において、鳥の声は深くすべてに響きわたります。

また、道元禅師の和歌があります。

峯《みね》の色　渓《たに》の響《ひびき》も　みなながら
我が釈迦牟尼《しゃかむに》の　声と姿と

森羅万象、ことごとく仏にあらざるものはない。すべての現象は仏そのもの、仏の一挙手一投足である。この境涯において、鳥の一声は、仏自らの名のりとして響きわたるのです。

薫る風、まばゆい緑、鳥のさえずり、ホトトギスの初音。すべての一体感の中に、私はありました。

賢善一夜偈《けんぜんいちやげ》

今を懸命に生きる人たちを応援するように「賢善一夜偈」のことばは響きます。

過去を追うことなかれ。
未来を願うことなかれ。
およそ過ぎ去ったものはすでに離れたものである。
そして未来は、いまだ至っていない。
されば、現在の法《もの》を、その場に応じて観察し、揺るがず、動ぜず、
了知して実行せよ。

ただ、今なすべきことを、ひたすら熱心になせ。
誰が明日の死を知るであろう。
実に、死王に遭遇しないということなど、ありえない。
昼夜に怠ることなく、熱心に生きる者。
彼こそがまさに、夜の賢者（賢善一夜）、
静まれる者、沈黙を守る者（牟尼《むに》・聖者）と呼ばれる。

——『中部経典』

私たちは、過ぎ去った昔をふり返って後悔します。しかし、いかに悔やもうと過去を変えることはできません。また、いまだ至っていない未来を心配して憂えます。しかし、未来を確実に知ることはできません。

過去と未来が、手の届かないものである以上、今に全力を尽くすより他はないのです。今が、まさに始点です。ものごとの始まりは過去にあるのでも、そして未来にあるのでもなく、まさしく今にあります。今が始点であるからこそ、過去から学ぶことが可能となり、未来に対処することが可能となるのです。

今をしっかりと見つめ、力を尽くすことが大切です。

明日ありと思う心のあだ桜　夜半《やわ》に嵐の吹かぬものかは

親鸞聖人、九歳のときのこと。幼くして両親を亡くされ、深い無常感から出家を決意し、得度式に臨みます。やがて、日も暮れかけて、師僧・慈円《じえん》（慈鎮和尚とも）は日延べを提案します。

それに答えて詠まれた、「今」への強い思いの込められた和歌です。

挨拶

大きな声で「おはようございます」と挨拶をしてくれる少年がいます。こちらも即座に「おはようございます」と応じます。

毎朝のほんの数秒のやりとりですが、この挨拶のおかげで、その日一日が気持ちよく過ごせるのだと感謝しています。人と人とを向き合わせ、互いの心を開かせる力が、挨拶にはあります。

そもそも「挨拶」ということばは、仏教経典『碧巌録《へきがんろく》』に由来すると言われています。

玉《ぎょく》は火を将《もっ》て試み、金は石を将て試み、剣は毛を将て試み、水は杖を将て試む。衲《のう》僧《そう》門下に至っては、一言一句、一機一境、一出一入、一挨一拶《いちあいいっさつ》に深浅を見んことを要し、向背を見んことを要す。

（宝石は火で真贋《しんがん》を試す。同様に、金は石で、剣は毛で、水は杖で試す。禅僧の一門では、一つひとつのことば、動作、かけひき、やりとりに悟境《ごきょう》を見極め、適《かな》うか背くかを見抜くのだ）

この「一挨一拶」が「挨拶」の語源です。「挨」は押し開く、「拶」は押し迫るという意味があります。つまりことばや動作のやりとりで、見落とすことなく相手の心を推し量り、悟境（修行の段階）を確認しあうのです。

例えば師が弟子に送る挨拶は、悟境の深浅を試験し、さらなる深みへ導く手段ともなります。修行者同士の交わす挨拶は、呼応のうちに互いを切磋琢磨します。

加えて、私たちが挨拶を交わすとき、自然にお辞儀をします。腰を折り曲げ、頭を垂れます。

相手に対する敬意の表明ですが、この行為に、より深い意味を哲学者の上田《うえだ》閑照《しずてる》先生は読み取っています。頭を下げるのは「自もない他もないところに一旦自己を滅却する」ことだというのです。

それまで抱え込んできた自我への執着を一気に捨て去ります。頭を上げて蘇ったとき、新たな世界が始まります。自他一如。互いは透入《とうにゅう》し、互いが主となります。

お辞儀をし挨拶を交わすことは、互いを見極め、認めることです。そしてそれは、より深い心の境地を共に遊歩《ゆうぶ》するための入り口なのです。

六月

人生のあらゆる寒暑が、そのままで、
輝きに満たされていることの自覚が「あるがまま」

わたしは混沌

ここのところ、たてつづけに履歴書の提出を求められました。

久しく顧みなかった自らの過去に思いを巡らせてみました。幾つかの節目の出来事を拾い上げながら、しかし、どこか釈然としないものがあります。その納得のゆかなさの正体について考えました。

それは、自分に特筆すべき経歴のないことに羞恥して、のことではありません。ましてや、個人情報が漏れ出ることを警戒してのことでもないのです。

〈履歴で表現されたわたし〉と〈わたしという存在〉との乖離に違和感を覚えるのです。

履歴として表されたわたしは、それがどんなに緻密にトレースされたものであっても、わたしの全貌では到底ありえません。それは、わたしの粗雑な脱け殻のようなものです。本来自由で流動的な存在であるはずのわたしは、履歴という枠に閉じ込められることで見えなくなってしまうのです。

『荘子』に渾沌《こんとん》の話があります。世界の中央に渾沌という帝《みかど》がいました。この未分化で秩序以前の存在である渾沌に、七穴（目の二穴・鼻の二穴・耳の二穴・口の一穴）をつけると死んでしまった、というのです。

七穴とは人間の認識能力、理性のことです。渾沌の脈打つ生命は、識別され概念化されることによって消え去ります。

〈わたしという存在〉は、この渾沌であると思うのです。七穴のうえに成り立った履歴をもってしては、わたしの真相を語り得ないのです。

履歴書に大きく一言、渾沌《カオス》、あるいは、匿名《アノニマス》、あるいは、のっぺらぼう、とでも書き込めれば、胸のつかえがとれるかもしれません。

あるがまま

「あるがまま」に生きるということが一つの理想として語られます。

何事にも抗うことなく、そのままに受け入れるという姿勢です。次々と起こる不条理な出来事に対処するために自我をおさえることは、有効な方法であると思います。けれども、そういう身構えだけで、さまざまな苦難を受けながし凌ぎきるには、人間の精神はあまりに未熟で脆いものではないでしょうか。

仏教でも「あるがまま」の境地が説かれます。しかし、理想的生き方として語られるそれとは、根本的に異なっているように思うのです。

洞山禅師《どうざんぜんじ》の問答があります。

一人の僧が洞山に問います。「厳しい寒さや猛《はげ》しい暑さがやってきたとき、避けることができましょうか」。答えて「暑さ寒さの無い処《ところ》へ行けばよいではないか」。僧が再び問います。「暑さ寒さの無い処とは」。答えて「寒いときはただ寒いだけ。暑いときはただ暑いだけ（あるがままだ）」。

この問答はもちろん、季候の寒暑のみならず、人生のあらゆる場面での寒暑について言われています。

理想として語られる「あるがまま」の生き方とは、寒時に暖かさを暑時に涼しさを求めながらも、それを諦め、事態を受け入れる態度です。しかし、受け身に構える自我がある限り、寒暑はかわしきれるものではありません。

一方、仏教（洞山）の示す「あるがまま」は、寒暑を超え出た体験です。寒暑を厭う自我の消え去った処。寒時は寒のあるがまま。暑時は暑のあるがまま。寒暑の主体に、寒暑をかわす必要はありません。

人生のあらゆる寒暑が、そのままで、輝きに満たされていることの自覚が「あるがまま」だと私は思っています。

六窓一猿《ろくそういちえん》

私たちは五感を駆使して知ろうとします。持てる感覚を総動員して知ろうとします。目を凝らし耳を澄ませます。臭覚、味覚、触覚を働かせます。そうすればするほど、正しく深く知ることができると考えているからです。

そんな私たちを仏典は、「六つの窓のある箱の中に閉じ込められた一匹の猿」に譬《たと》えます。六つの窓とは眼《げん》・耳《に》・鼻《び》・舌《ぜつ》・身《しん》・意《い》の六つの感覚器官（六根《ろっこん》）です。仏教では五感に加えて、心を働かせる器官としての意根《いこん》を想定します。

この六つの窓を通して作られるイメージの主体が一匹の猿です。箱の中の猿が知り得るのは、これらの窓を通して形づくられたイメージだけなのです。

それぞれの窓からの知覚はひどく限られたものです。

眼の窓は、長短の波長を持つ電磁波の、わずかに可視光線だけに反応します。

耳の窓は、気体・液体・固体を伝わる弾性波の、わずかに空中を伝わる可聴域の音波に対応するのみです。

鼻・舌・身・意の窓も同様です。眼を凝らし耳を澄ませたとしても、箱の中の猿は果たして世界を知ったと言えるでしょうか。

荘子は、感覚の世界から解き放たれることで到達される世界について語ります。


私と身体とのつながりは解消され、感覚器官は切り捨てられる。物体を去り知識に別れを告げ、私は偉大なる浸透者となる。これを「万物を御しかつ忘れる」という。

インド最上の宗教詩と称讃される『テーラガーター』も、感覚を超えた世界について語ります。

カレーリの花が一面に咲き誇る喜ばしい土地がある。象の鳴き声の響くこれらの玄妙な丘は、私を歓喜《かんき》させる。……清く澄んだ水をたたえ、広々とした岩盤があり、黒面の猿や鹿が群れ集い、水と苔に覆われた岩山は、私を歓喜させる。……心が安定し正しく観じる人に起こるような歓喜は、五種の楽器によっては起こらない。

出家問答

陰暦六月十日は天台僧・源信の、同じく十一日は真言僧・観賢の忌日です。平安時代を生きた二人の僧には、似かよった出家物語が残されています。

源信和尚が幼名・千菊丸を名のる九歳の頃の出来事です。あるとき、旅の僧が近くの小川で鉢を洗うのを見て話しかけます。

「お坊さま、向こうの川の水の方がきれいですよ」

僧は答えて言いました。

「すべてのものは、浄穢不二じゃ。きれい、きたないは凡夫の心が作り出す迷いの世界。だから、この川の水で十分じゃ」

「それじゃ、どうして鉢を洗うの」

「……」


この問答から程なくして、千菊丸は比叡山に登ることとなりました。

観賢僧正が、まだ讃岐国で少年期を過ごしていたときのことです。あるとき、旅の僧が手を洗おうと、手水《ちょうず》を探していました。その様子を見て考えた少年は質問します。

「仏教では、浄穢不二というそうですが、それではそもそも何故、手を洗う必要があるのですか」

これらの問答は、分別《ふんべつ》を超えるとは何か、手を洗うという一つの行為の確かさを保証するものは何か、という問いです。

この問いが、出家という仏道修行の出発点で物語られることは象徴的です。二人の出家僧にとって、この問いを解決することが、生涯をかけて求めた道であったのかも知れません。

源信和尚は、観想念仏のみならず称名《しょうみょう》念仏を勧め、浄土信仰への道を開きます。その運動はやがて、法然上人、親鸞聖人へと受け継がれ結実します。

観賢僧正は、空海が弘法大師の諡号《しごう》を賜ったことを契機として、それ以後の入定留身《にゅうじょうるしん》（生死を超えた境地に身を留める）の信仰を確固たるものにしたのでした。

梅雨の頃

この季節、訪問先の玄関で傘をたたむことが多くなります。

先日、檀家さんを訪ねると「雨でいけませんね」と挨拶されました。足もとを気づかってのことば、とてもありがたいです。

「そうですね」と、素直に相づちだけを打てばよいのですが、続けて口を衝いて出たのは、「雨もまたよしです」。「雨奇晴好」ということばが、いつも心のどこかにあるのだと思います。

北宋の詩人、蘇東坡のことばです。西湖を詠った七言絶句の叙情詩にあります。詩のタイトルは「飲湖上初晴後雨（湖上に飲む、初めは晴れ後に雨ふる）」。

水光瀲灩《すいこうれんえん》として　晴れて方《まさ》に好し
山色《さんしょく》空濛《くうもう》として　雨も亦《ま》た奇なり
西湖《せいこ》を把《も》って　西子《せいし》（西施）に比せんと欲せば、
淡粧《たんしょう》濃抹《のうまつ》総《すべ》て相宜《あいよろ》し

（水面《みなも》のさざ波が輝く、晴れた湖は美しい。そして、山の色がほのかにけぶる、雨の湖も風情がある。西湖を西施［中国四大美女の一人］に例えれば、薄化粧でも厚化粧でもまったく似合っていてよい、というようなものだ）

晴れる日もあれば雨の日もあります。雲に覆われることも、雪が降ることもあります。現象界はその姿を千変万化させます。あるときは穏やかに、あるときは激しく。当然その姿のすべてが、都合の良いものであるとは限りません。にもかかわらず、詩人の眼にはすべてが美しく映えたのです。詩人は、刻々と姿を変える風景の中に、変わらない何かを見取ったのかもしれません。

読経づとめを終えて、席を立ちました。外はまだ雨がそぼ降っています。玄関を出て傘を開くと、後ろから声をかけられました。
「雨もまたよしですね」。互いに微笑んで、私は檀家を後にしました。

山あれば山を観る
雨の日は雨を聴く
春夏秋冬
あしたもよろし
ゆうべもよろし

――種田山頭火

七月

「執らわれない心」と言われれば、
「執らわれない心」に執らわれるのが私たちである

ジャンケン法意

何かを決めたいときに、ジャンケンほど便利なものはありません。ルールが分かりやすく一瞬で決着がつきます。けれども、そのバリエーションは限りなくあって、語源、ルーツについてもにわかに断定できないほど多くの説があります。そんな説のひとつに仏教語源説があります。ジャン・ケン・ホイは、「料簡法意《りょうけんほうい》」から来たというものです。法の意向（法意）を推し量り（料簡）、それにすべてを委ねるという意味です。

法意が顕《あき》らかとなるためには、私意を棄てなければなりません。私意とは狭量な自我の判断力のことです。相対的で右へ左へとゆらぎます。このゆらぎ彷徨う私意を一挙に放棄するのです。

放棄したとき、法はその全覚智的なあり方を露呈します。顕われた結果は、勝ち負けを超えて絶対です。ジャンケンが、法意を料簡（了見）するためのものであるとすれば、その極意は、私意の放棄にあるのです。

こんな話があります。あるとき、一人の遍路が山中で道に迷いました。やがて二股の分かれ道にさしかかります。左に行くべきか、右に行くべきか、判断がつきません。考えあぐねてその遍路は、「南無大師遍照金剛」と唱えます。そして手にした錫杖《しゃくじょう》を放しました。

その錫杖の倒れた方向こそが、正誤を超えた絶対の道なのです。遍路は再び歩み出しました。迷いの心はもうありません。

何かの決定を迫られたとき、小賢しい戦略を巡らせるのではなく、むしろ棄てきることによって、法意は発揮されるのです。

執《と》らわれない心

「大麦小麦二升《にしょう》五合《ごんごう》」というまじないがありました。

頭が痛いときに唱えます。お腹が痛いときにも唱えます。ものごとが思い通りにいかないときにも唱えます。唱えればたちどころに悩みを忘れてしまう万能の呪文でした。

ある日、物知りの学者が、このまじないについて解説します。

……このことばは『金剛般若経』というお経にありまして、正確には「応無所住、而生其心《おうむしょじゅうにしょうごしん》」と発音します。そしてその意味は「執らわれること（住する所）なく、心をおこし（生じ）なさい」ということです。正しく理解し、発音されるべきです……。

そう教わって人々は、意味を理解し、発音に注意して唱えるようになりました。けれどもそれ以来、まじないは効かなくなってしまいました。

「執らわれない心」と言われれば、「執らわれない心」に執らわれるのが私たちです。

「執らわれない心」の実話を一つ。

あるとき、二人の旅の僧が偶然に道中を共にします。歩いていると、大きな水たまりが道を遮っています。水たまりを前にして一人の妙齢の女性が立ちすくんでいました。渡れずに困っていたのです。

一人の僧が、いきなり女性に近づき、ひょいと抱きあげ、水たまりを渡しました。もう一人の僧がそれを見て怒ります。

女性を渡した僧が話しかけても口をきいてくれません。何を怒っているのか問い質しますと、女性に触れて破戒したというのです。そこで僧は言いました。

「私は水たまりの所で女性を置いてきたけれど、あなたはまだ抱えたままか」

蟬の声に聴く

早朝から一斉に蟬の声です。

かまびすしい鳴き声が、否が応でも真夏の気分をかき立てます。ひたすらに鳴く様は力強く、限りない響きは、満ちあふれる生命《いのち》を謳歌しているかのようです。さて、この蟬の声に何を聴くかが問題です。

よく知られた芭蕉の句があります。

頓《やが》て死ぬ　けしきは見えず　蟬の声

（すぐにも死んでしまうであろうに、そんな様子は少しも見せず、蟬はただ鳴いている）

芭蕉は蟬の声に何を聴いたのでしょうか。

残された命の、あまりに短いことも知らずに鳴く蟬に哀れみを感じているのでしょうか。それとも蟬に自らの姿を重ねて嘆いているのでしょうか。あるいはそんな状況の中でも一心に鳴き続ける蟬を応援しているのでしょうか。その声に勇気づけられているのでしょうか……。

ただ、ひたぶり鳴きしきる蟬。間もなく尽きるであろう命に、焦るわけでもなく、ただ為すべく為す姿。「それでいい」と芭蕉は聴きとったに違いありません。

「今日は野にあり、明日はかまどに投げ入れられる草でさえも、神はこのように、装わせて（輝かせて）くださる」ということばが、マタイの福音書（6：30）にあります。

また、仏の慈悲がすべての時と処《ところ》に等しくゆきわたっているという意味で「一雨《いちう》、千山《せんざん》を潤す」ということばがあります。

東欧の詩人・作家ゲオルギウがマルティン・ルターのことばとして引用した「たとえ、世界の終末が明日であっても、私は今日リンゴの木を植える」に通じる生きざまを、かまびすしく鳴く蟬の声のうちに、芭蕉は聴いたに違いないのです。

捨てること

梅雨の晴れ間に大掃除を思い立ちました。

長いあいだ手をつけられずにいる納戸の整理です。段ボール箱の山の奥に、得体の知れないたくさんの物が封じ込められています。捨てるのが一番です。

「一年使わなかったものは一生使わない」と言われますが、私の場合それほど潔くはありません。それでも、せめて三年使わなかったものは捨てようと決心してとりかかりました。

最初は順調に進んだ廃棄作業ですが、アルバムに手が止まりました。まだ若かりし日々の家族や友人がいます。「思い出は物ではなく心に残る」と言われても、写真は簡単に捨てられません。とりあえず残しておきます。

学生時代の本や資料が大量にあります。「いつか読むは、いつまでも読まない」のですが、一方で「資料は捨てた翌日に必要になる」とも言われます。とりあえず残しておきます。

未練を反省しつつ作業を進めるうち、一つの古い柳行李に目がとまりました。見覚えがあります。二十年前に他界した祖母の遺品です。矢絣に花の紬の着物が入っています。祖母の凛としたたたずまいが懐かしい。行李の奥底に新聞紙に包まれた数個の茶碗がありました。ひび割れた茶碗です。

なぜこんなものまで、といぶかしく思いよく見ると、小さな紙切れが挟まれています。そこには細い字で「焦土より」と書かれていました。一九四五（昭和二十）年七月四日未明の高松空襲で寺は焼け落ち、本尊薬師如来を持ち出すのが精一杯であったと聞きます。その焦土から掘り出された茶碗でした。

叫び出しそうなひび割れをじっと見つめて、焼け跡を掘る祖母の心中を思いました。懇ろに茶碗を洗い直して、新しい柔らかい布に包みかえ、もとの行李に返しました。なかなか捨てられない。これも執着《しゅうぢゃく》でしょうか。

掃除を途中で終え、とりあえず、祖母の位牌の前で経をあげました。

沈黙と雷

今年の梅雨も、幾度となく雷鳴を聞きました。

轟きわたる遠雷の唸るような響きに息をひそめ、ひときわ激しい迅雷《じんらい》の、切り裂くような爆音に身を縮めます。いかづちの、はたたく音と閃く光に、人智を超えた自然の力を強く感じました。

「維摩《ゆいま》の一黙《いちもく》、雷《らい》のごとし」ということばがあります。『維摩経』からの成語です。「空《くう》」を説くこの経典の要のところを、「雷」に譬《たと》えて端的に表したことばです。

『維摩経』は、在家の長者ヴィマラキールティ（維摩詰《ゆいまきつ》）の病を契機に教説が展開します。

釈尊は弟子たちに、維摩への病気見舞いを促します。しかしそれぞれが、過去に維摩との問答でやり込められた経験を語り、辞退します。そしてついに、文殊菩薩《ぼさつ》が一同を伴って、維摩を訪れることとなります。

維摩は菩薩たちに「不二《ふに》の法門（空の境地）に入る」とは如何《いか》なることか尋ねます。一人目の菩薩。「生《しょう》と滅《めつ》が二であり、生もなく滅もないことを確信することが不二に入ることです」。以下、三十一人の菩薩がことばを駆使して自説を披露します。それを受けて、文殊菩薩が総括して述べます。

「思うに、ことばで説く限り、二分化を免れることはできない。ことばなく、説くことも、示すことも、認識することもなく、一切の問答を離れること。それが不二の法門に入ることである」

そして、文殊菩薩が維摩に問います。

「考えをお聞かせください」

……維摩は、黙って一言も発さない。

維摩の沈黙に呼応して、文殊菩薩は「善いかな、善いかな」と感嘆の声をあげます。文殊菩薩が、語れないことを「語れない」と語ったのに対し、維摩は沈黙によって、それを具現したのでした。

さて、「維摩の一黙、雷のごとし」です。維摩の黙は、黙に留まりません。沈黙によって開かれた場は、ことばのない寂静《じゃくじょう》であると同時にすべてのことばを生み出す源です。

すでに、不二法門の扉は開かれました。沈黙は、到達点ではなく出発点です。いかづちの圧倒的力に似て、すべてはこの沈黙から生い立つのです。

八月

運命から逃げず、怯まず、たじろがない。
災難に逢えば、抗うことなく災難を生きる

災難の生き方

また台風の季節がやってきました。

二〇〇四年の高潮は八月末日。ちょうどこの時期でした。忘れることのできない出来事です。香川は災害のない所という幻想を崩れさせるに十分な出来事でした。私たちの身の回りには、常に予期せぬ災害が横たわっていることを再認識させられました。

災害は高潮だけとは限りません。暴風、豪雨、豪雪、洪水、地震、津波、噴火などの自然災害。その他にも人為的な原因による、いわゆる人災も災害です。そう考えると、災害に遭わずに一生を送ることは、ほとんど不可能であると思われます。

さて、江戸時代の禅僧良寛も、越後三条で地震災害に遭っています。その折、末の子を亡くし失意にくれる友人、山田杜皐《とこう》に送った短い手紙が残っています。そこには、こう書かれています。

　災難に逢《あ》う時節には災難に逢うがよく候《そうろう》。死ぬ時節には死ぬがよく候。是《これ》はこれ災難をのがるる妙法にて候。

洒洒落落《しゃしゃらくらく》。脱け落ちたことばです。潔い覚悟の生き方から発せられたことばは、清々しく響きます。

運命から逃げず、怯まず、たじろがない。災難に逢えば、抗うことなく災難を生きる。死に臨めば、抗うことなく死ぬ。いたずらに生死に執着することなく、あるがままに受け入れる。脱然の境地を生きる良寛は、すごみさえも超えています。

清廉、無垢に生きた禅僧の無邪気を思うとき、日々の喧噪、煩いがそのまま穏やかな風景に感じられます。

私意を離れる

送り盆を終えると、暑さももうすぐ峠を越すでしょう。早朝から鳴く蝉の声は相変わらず賑やかですが、でもどこか寂しそうに聞こえるのは気のせいでしょうか。

閑《しずか》さや岩にしみ入る蟬の聲《こえ》

有名な芭蕉の句です。推敲を重ね、舌頭で千転して紡ぎ出されたことばです。「山寺や石《いわ》にしみつく蟬の聲」から「さびしさや岩にしみ込む蟬のこゑ」さらに「淋しさの岩にしみ込むせみの聲」を経たと言われています。

繰り返された推敲は芭蕉にとって「私意を離れる」修練の行程でした。私意（自我意識）を離れることによって、ものごとの本情《ほんじょう》をありありと描き出すことができると、芭蕉は弟子に語っています（江戸時代中期、服部土芳の俳論書『赤冊子』）。

私意の世界は対立の世界です。自己への強い執着《しゅうぢゃく》によって、自己と他物が峻別されます。私と岩と蟬との間に、くっきりと境界線が引かれます。

私は私。岩は岩。蟬は蟬。蟬の声と岩とは、どこまでも別個の存在として、「しみつく」ことはあっても、「しみ入る」ことはありません。

私意を離れた世界は融和の世界です。私は私、岩は岩、蟬は蟬として在りながら、互いに透明です。仏教でいう相即相入《そうそくそうにゅう》。それぞれの事物が響き合い「しみ入る」境涯が開かれます。

「松の事は松に習へ、竹の事は竹に習へ」と芭蕉は言います。

私意を離れること。存在の響きに習うこと。その詩的修練が、芭蕉にとって「物の実《まこと》しる事」だったのです。

火も自ずから涼し

「暑い、暑い」と弱音を吐くと、決まって「心頭滅却すれば火もまた涼し」と諭されます。

雑念を取り払って集中すればたとえ火さえも涼しく感じるものだ、泣き言をいわず我慢しなさい、気合いを入れて乗り切りなさいという叱咤激励のように使われます。

そもそもこのことばは、唐代の詩人、杜荀鶴《とじゅんかく》の詩句が原典です。

三伏門《さんぷくもん》を閉ざして一衲《いちのう》を披《はお》る
兼ねて松竹の房廊《ぼうろう》を蔭《おお》う無し

安禅《あんぜん》必ずしも山水を須《もち》いず
心中に滅し得て火も自ら涼し
（酷暑の夏に寺門を閉ざし、僧衣をまとい座禅する。くわえて、松や竹が室内や廊下に日陰を作ることもない。けれども、禅の境地は必ずしも静穏な山や川の環境を必要とはしない。分別の心さえ消滅すれば、火中にあっても涼やかである）

結句が「心頭滅却すれば火もまた涼し」として引用されるのは、宋代の禅問答集『碧巌録』以降です。

さて、暑い寒いと線引きし、二分化することを分別と言います。「心頭滅却」とは、この分別を離れることです。そしてそこに開かれるのは、涼やかな境地です。「すずし」とは、暑さに対する温度的「涼しさ」ではありません。

雑念や執着のないすがすがしい境地を形容したことばです。西方極楽浄土を「涼しき方」と言い習わすのと同じです。この消息は、道元禅師の道歌にも詠われています。

春は花　夏ほととぎす　秋は月

冬雪冴えて　すずしかりけり

春夏秋冬、寒暑を超えて貫かれるすずしさです。「火もまた涼し」とは、燃えさかるあらゆる苦悩はそのままで、涼しき仏の境涯だということです。暑さに合掌です。

エール交換

勝ち負けもさることながら、高校野球の醍醐味の一つは、エールの交換です。試合の前に、互いの健闘を祈ってエールを送る。そして試合の後に、互いの健闘を讃えてエールを送る。

勝者への称賛と、敗者への敬意の表明です。トーナメントという、過酷で切ない闘いを競い合った者同士が、勝ち負けの結果を超えて、互いを認めあう儀式です。

日本特有の応援法であるエール交換は、対戦相手として分かれた二つが、本来は「深いところでつながっている」ということの確認作業なのであろうと思っています。

『阿弥陀経《あみだ》』という経典があります。中国六朝時代の傑出した訳経《やくきょう》僧、鳩摩羅什《くまらじゅう》がこれを翻訳しています。羅什は阿弥陀仏の住する「仏国土《ぶっこくど》」を「極楽」と漢訳しました。そしてその「極楽」に、サンスクリット原典には存在しない伝説の鳥を飛翔《ひしょう》させたのです。その名は「共命之鳥《ぐみょうしちょう》」。羅什が生まれ育ったシルクロードに伝わる説話の鳥です。頭が二つ、体が一つという奇相の鳥です。

一つの体に二つの頭を持つ鳥、迦婁荼《カルダ》と優波迦婁荼《ウパカルダ》は、それぞれが別の心を持っていました。あるときカルダは眠っているウパカルダに黙って、マドゥカという果樹の花を口にします。二頭にとって有益だと思ったからです。

けれども、口にできなかったウパカルダはカルダを恨みます。憎悪の念が募ったあげく、自ら毒花を食べて二頭は死に至ります。瀕死のカルダはウパカルダに語りかけます。

「他を益する者は、やがて自らをも益する。しかし、他を害する者は、ついには自らを滅ぼす」

伝説では悲しい死をむかえる鳥ですが、羅什が「極楽」に放った「共命之鳥」に死が訪れることはありません。

二つの心を生きながらも、「深いところでつながっている」ことを自覚します。互いを思いやり、あるときはエールを送り合ったかもしれません。

今年も猛暑の中、球場に足を運びました。同じ瞬間を共に生きる証しのように、エールの声が響いていました。

心の調律

とても裕福な家に生まれ育ったソーナ・コーリヴィサという青年がいました。琴の名手でもあった彼があるとき、出家し仏弟子となります。彼は聡明で、そのうえ人一倍の努力家でありました。彼は、心を統一し、ありのままに世界を観察する禅定《ぜんじょう》修行を実践します。

座して（座禅）歩いて（経行）、ひたすら修行に励みます。その修行ぶりは凄まじく、足裏が裂けて血が飛び散るほどでした。ところが、そんな熱心な修行にもかかわらず、一向に心を修めることができません。

彼は思います。「これほどまでにしても道は開けない。むしろ、裕福な生家にもどり、在家の信者として布施行《ふせぎょう》に励む方が正しいのではないだろうか」
釈尊は、この怠らずに精進する出家者の心を知って語りかけます。

「ソーナよ、あなたは在家のとき、琴を弾くのに巧みであったと聞くが、そうであろうか」
「その通りです」
「それでは、琴の弦があまりに強く張られていたら、心地よく妙なる響きを発するであろうか」
「発することはできません」
「それでは、あまりに緩やかであれば、心地よく妙なる響きを発するであろうか」
「これも、できません」
「もし琴の弦が張りすぎもせず、緩まりもせず、正しいバランスを保っていたなら心地よく妙なる響きを発するであろうか」
「妙なる響きを発します」
「絶妙に調律された琴の弦のように、昂る（悼挙《じょうこ》）ことなく、だらける（懈怠《けだい》）ことなく、心を調えて精進をしなさい」

このことばは、張りつめて響かなかったソーナの心を解きました。両極端に偏らず、最もバランスよく調律された心で生きること。仏教の「中道《ちゅうどう》」の教えです。

空海弘法大師は言います。

有無に滞《とどこお》らざるを以《もっ》ての故に、心に罣礙《けげ》なく、所為《しょい》の妙業、意に随《したが》って能《よ》く成《じょう》ず。

（有無の両極を離れれば、心は自由に解き放たれて、あらゆることは、意のままの現れとなる）

——『十住心論』

九月

私たちが為すべきは、「老い」に翻弄される
ことではなく、無相の心を実現すること

常識

シニアと呼ばれる年頃ともなると、一層の「常識」が求められます。円滑な社会生活を営むためには、常識という、その社会で共通の価値観が必要となるからです。

この意味での常識とは、同一社会の構成員にひろく承認された「ノルム（規準・標尺）」に基づいています。だから当然、社会という場と時が異なれば、社会通念としての常識も異なってくるのです。

この常識の不確かさについて、フランスの多才な哲学者ヴォルテールは、「共通の感覚は、それほど共通ではない」と言い、かのアインシュタインは、「常識とは、十八歳までに身につけた偏見のコレクションだ」と言っています。

常識ということばはこのような問題を含みながら、現在、一般的に理解されています。

しかし本来、常識《コモン・センス》は、人間の諸感覚（五感）とともに発ちあがってくる、より初期的な感得力を指したことばでもあります。五感とは、内的には眼耳鼻舌身、外的には色声香味触のことです。

この諸感覚に発ち現れた印象を一つの意味に統合し方向づける意識を、共通の意識《コモン・センス》と呼ぶのです。いわば心の起きるスタート地点。生まれる刹那の意識です。

この地点で心を如何に起動するかが、社会通念としての常識を決定づけてゆきます。

私たちは、社会通念としての常識・非常識の間を受け身でさまようのではなく、如何なる常識を生きるのかを主体的に創造しなければなりません。

シニアに求められているのは、この意味での「常識」だと思います。

老い

「敬老の日」が祝日法の改正により、九月十五日から九月の第三月曜日に変更されたのは二〇〇三年のことでした。すでに何年も経っています。けれども恥ずかしながら、未だに新しい休日に馴染めていません。順応力がよほど低下しているのでしょう。「老人の日」に、改めて「老い」を実感させられます。

釈尊が「老い」について語られたことばを見てみましょう。最晩年のことばです。

わたしは老い朽《く》ち、老衰し、人生の旅路を通り過ぎ、老齢に達し、齢《よわい》八十となった。例えば古ぼけた車が、革紐《かわひも》の助けによってやっと動くように、わたしの身体もようやく動いているにすぎない。しかし、真実に向かい精進した者が、一切の相（対象化されたすがた）を心にとどめることなく、わずかな感受をも滅尽《めつじん》したことによって、相のない心の統一に入ったとき、かれの身体は健全（快適）なのである。

——『大パリニッバーナ経』

身体の健やかさは、肉体の老若とは別次元のことです。壊身《えしん》ながらも、無相《むそう》の心にあって、釈尊は健やかです。そしてこの心に開かれる世界を称誦《しょうじゅ》します。

この世は美しいものだ。人間のいのちは甘美なものだ。

相に執らわれることを本性とする凡夫《ぼんぷ》には窺いしれない世界です。私たちが為すべきは、「老い」に翻弄されることでなく、無相の心の実現です。

きらびやかな王の車といえど、朽ち果て潰れ去る。この肉体もまた老いゆく。しかし、善き人々の心は、老いゆくことがない。

河を越えて

秋分の日を中日として前後三日ずつの計七日間を秋の彼岸と言います。今日はその初日、彼岸の入りです。

仏教では、生死《しょうじ》に迷う苦しみの世界を此岸《しがん》と言うのに対して、それを超え出た境地を彼岸と言います。

彼岸が、秋分（春分）の日と結びついた経緯の一つに『観無量寿経《かんむりょうじゅきょう》』との関わりがあげられます。この経典の中で釈尊は、阿弥陀仏の境地である極楽世界（彼岸）に生まれるための方法として「十六の観想法《かんそうほう》」を説かれました。

観想は、まず西方に向かって端座し、沈みゆく日輪のうちに身体の空性《くうしょう》を観じることから始まります（日想観《にっそうかん》）。方位を真西にとる必要が、太陽が真西に沈む秋分（春分）の日と結びついたのです。

十六の観法《かんぽう》とは、迷いの此岸と悟りの彼岸との距離を、限りなく詰めるための身体の技法です。中国浄土教の大成者である善導《ぜんどう》は、十六観について極めて具体的に解説を施し、とりわけ後三観（十四〜十六観）に彼岸の実現を確信します。

彼岸の実現。それは例えば、こんな体験ではないかと思います。

私は地獄で釜ゆでにあっている人間です。この釜からどうにか抜け出そうと必死です。上方に向かい手を伸ばし、助けを求めてもがきます。しかし救いの手は何処《どこ》にもありません。

「救いなどない！」と叫んだその刹那、釜の底が抜け落ちます。気づけばまさしく、此《こ》処《こ》こそが極楽だったのです……。

厭うべき生死の此岸は、実に涅槃《ねはん》の光に輝いている。気づけば、此岸はそのまま彼岸なのです。

透明な風景

朝、窓を開けるとさわやかな空気が入ってきます。さらさらと頬にあたる風が心地よく、ついこの間までの湿った暑さが嘘のようです。風のひとそよぎに、秋を感じる日々です。秋の風は「色なき風」とも表現されます。

吹き来れば身にもしみける秋風を色なきものと思ひけるかな

——紀友則

「色なき風」は、この歌から生まれたことばです。身体の奥底までしみいるような（喜怒哀楽に色づく）風も、澄みきった秋の透明性のうちに、その色を失ってしまうと詠み手は感じたのでしょう。

確かに、秋の爽気《そうき》の、あまりの清々しさは喜び、怒り、哀しみ、楽しみを透脱《とうだつ》させます。

透脱とは単にすべてを消し去ってしまうことではなく、それを透して、真相をありありと体験することです。

秋、天を見上げると、高く抜けきった碧空が広がります。さやけく澄んだ大気の中では、すべてのものがはっきりと見渡せます。その中では、すべての音が明瞭に響きます。透明に澄みきった「色なき風」が冴えわたる時節です。

空海の文章があります。「山に遊びて仙を慕ふ」と題された百六行五百三十字の漢詩の一節です。

日月　空水《くうすい》を光《て》らし
風塵《ふうじん》　妨ぐる所無し

是非　同じく説法なり
人我《にんが》　倶《とも》に消亡す
定慧《じょうえ》　心海《しんかい》を澄ましむれば
無縁にして毎《つね》に湯湯《とうとう》たり
（光はあまねく照らし行きとどく。ことばはそのまま仏の全貌《ぜんぼう》を現し、隔てる境界はすでに無い。
禅定《ぜんじょう》の智慧、心の海を透明に澄ませば、しがらむことなく躍動する）

頬をなでる「色なき風」が運ぶ透明な風景です。

秋の響き

暑さをかき立てる蟬時雨も、いつしか、しおらしい晩蟬《ばんぜん》の声に変わっていきます。気づけば草むらからは、すだく秋の虫の音が盛んに聞こえてきます。心を静め、耳を澄ませば、季節を告げるたくさんの音が届きます。

虫の音に限りません。風の音、木々のざわめき、水の音。世界は響きに溢れています。この時節の、松の梢を吹きぬける秋風の響きを松籟《しょうらい》と呼びます。乾いた秋風の奏でる響きは、その爽やかさから爽籟《そうらい》とも呼ばれます。「籟」とは笛のこと。また、それより起こる響きのことです。

荘子に「人籟」「地籟」「天籟」の譬《たと》えがあります。風の織りなす響きの世界を語って深秀《しんしゅう》です。

音なき風、天籟。音なき風は、世界のすべてを貫流します。一切の区別のない「万物《ばんぶつ》斉同《せいどう》（すべてがひとしく同じ）」の世界です。

風は随処に吹き到ります。あるときは人籟（人を震わせる笛）に吹きつけ、人を響きで満たします。またあるときは地籟（地の笛）に吹きつけ、地を響きで満たします。

音なき風が森の深くに吹き透ります。ひとたび息吹いた風のうねりに、森の樹木はざわめき立ち、そして、いっせいに音が生まれます。

森の巨木の幹には、形も深さもさまざまな、無数の穴があいています。吹きつける風が、そのすべてから、それぞれの音を響かせます。滝を下る激流の音、せせらぎの音、飛ぶ矢のうなり、怒りの声、励ましの声、悲しみの声、喜びの声。

巻き起こるそれぞれの、どの響きもが、挙げて世界のすべてです。

空海のことばがあります。

五大にみな響きあり（ありとあらゆるものに響きがある）
禽獣《きんじゅうき》卉木《ぼく》はみなこれ法音《ほうおん》（鳥獣草木は、すべて仏自らの名のり）

内外の風気、わづかに発すれば、必ず響くを名づけて声という
秋の虫の奏でる響きは、等しく世界に響きわたっています。

十月

完全無欠は美しい。その同じ美しさが、
不完全で欠けたものにも看取される

分別《ふんべつ》

「すべてのものごとのありのままの姿は、名づけることも、思惟《しゆい》することもできない」とは、大乗仏教の先駆的思想家アシュヴァゴーシャのことばです。

分別（判断・思惟）された世界が、ありのままの世界ではなく、その幻影にすぎないことは、くり返し仏典の説くところです。分別という仏教用語は字義通り、分け出し、峻別することを意味します。

渾然《こんぜん》不二《ふに》の世界に、主と客・生と死・善と悪・美と醜などの二分化を持ち込むことが分別なのです。仏教では、この分別こそが迷いの根拠とされるのです。「諸の煩悩は、分別より生ず。理は分別を超えたり」。

ですから、理（ありのままの世界）を直接体験するために仏教は、分別を超えた境涯をめざします。分別を起こさずに、直観的に、一挙に、全体を現じようというのです。

しかし、それが至難であることは言うまでもありません。分別の超克というのも、それ自体が、また一つの分別的事態であるからです。分別の場においては「言忘慮絶《ごんもうりょぜつ》」「言詮不及《げんせんふきゅう》」というより他はないのです。

分別の超克されたところに開かれる世界があります。二分化の息《や》んだ世界。一事がそのまま全世界です。花が全世界。鳥が全世界。

世界は一粒の砂に
天界は一輪の野花に現じ
無限は一掌の中に
永劫《えいごう》を一時の中に握る

——W・ブレイク「無垢の予兆」を読みかえて

全世界は、今この文章を読んでいる、正に、あなたに現じているのです。

友人のおもいで

大学四年生のときに一人の友を交通事故で亡くしました。彼は医学生でした。すでに医者となっていた先輩の運転する車でドライブ中のことでした。カーブを曲がりきれず車は電柱に激突、大破しました。即死でした。先輩の方は一命をとりとめましたが、「業務上過失致死」で起訴されてしまいました。「実刑になると医師免許を取り消されるかもしれない！」私たちは署名活動をしました。亡くなった友のご両親にも幾度か会って署名をお願いしました。けれども結局、署名はしてはもらえませんでした。ひとりっ子だった友への想いを推し量ると当然のことでしょう。ご両親は、穏やかな人たちでしたが、どうしても気持ちの整理がつかなかったのだと思います。

判決言い渡しの日、裁判官は先輩に、日々の過ごし方を尋ねました。先輩は、自分が「般若心経」という短いお経を覚えて毎日唱え、供養していると説明しました。するると、裁判官が先輩に質問しました。「それでは、贈り名（法名・戒名）は言えますか」。先輩は答えられませんでした。

今度は、両親に同じ質問をしました。ご両親は贈り名をはっきりと告げました。裁判官は先輩に向かい、静かに言いました。

「あなたの言う供養とはその程度の集中力をもってのことですか？」

執行猶予つきの判決を出すにあたって、両親への配慮だったのか、今は知る由もありません。

秋風が吹くと思い出す出来事です。

守《しゅ》・破《は》・離《り》

茶道であれ華道であれ武道であれ芸道であれ、およそ「道」と称するものには「守・破・離」が説かれます。「守・破・離」とは、修道《しゅどう》の深まる過程を表現したことばです。

「守」とは、志す流派に伝わる型を順守して、そのすべてを正確に学ぶことを言います。型を何度も繰り返し、余す所なく身につけることです。

「破」とは、習い尽くした定型を一歩出て、新たな工夫が発揮されることを言います。型を究め自らのうちに消化しきったときに、型は破られます。

「離」とは、「守・破」すべき型から離れ、自由自在に行為することを言います。型にとらわれない一挙手一投足がそのまま、型に適っているというあり方です。道を修めるということは、「守・破」をさらに超えて、「離」の境地に達することであると言われています。

例えば、茶人川上不白《ふはく》は「守は下手、破は上手、離は名人」と言い、『不白筆記』に「弟子に教えるを守という。弟子が守を習熟すれば、自然と自身より破る。これを上手という。しかし、守も破も一面的にすぎない。守と破の二つを離れて名人の位である。二つを合して離れながら、しかも二つを守っていることだ」と記します。

また、北辰一刀流《ほくしんいっとうりゅう》の開祖・千葉周作は『剣法秘訣《ひけつ》』で「守はその流の趣意を守ることにて、一刀流なれば下段星眼《せいがん》、無念流なれば平《ひら》星眼にてつかひ、その流派の構へを崩さず。破はその処を一段破り、修業すべきとのことなり。離は守破の意味も離れ、無念無想の場にて、この上なき処なり。守破離の字義、よくよく味はひ修業肝要なり」と記しています。

型を守ることすらままになりません。道を修めることは並大抵ではないようです。

名残の月

彼岸も過ぎて、あれほどの勢いを誇った暑さも、気がつくと消え去ろうとしています。暑さが去り、涼しい風が吹き始めると、いよいよ「観月」の季節です。

「八月十五日、九月十三日は……月を翫《もてあそ》ぶに良夜《りょうや》とす」と吉田兼好は『徒然草』に記します。

陰暦の八月十五日が「十五夜」で、いわゆる「中秋の名月」です。今年二〇一〇年は九月二十二日でした。天候が心配されましたが幸いにも、皎々《こうこう》と輝く月を拝することができました。

そして陰暦の九月十三日が「十三夜」で、今年は十月二十日となります。

「十五夜」は、中国の中秋節を起源の一つとします。それに対して「十三夜」を愛でるのは、日本特有の風習です。

「十三夜」の月は、満月に二夜とどかない月です。真円《しんえん》に満たない欠けた月を愛でる風雅が、日本にはあります。その美意識が『徒然草』に綴られます。

花は盛りに、月は隈《くま》なきをのみ
見るものかは

（満開の桜花だけを、曇りのない月だけを、すばらしいと見なすのであろうか。そうではない）

例えば、「雨にむかひて月を恋う」（雨空に向かって見えぬ月の姿を慕う）ことも、しみじみとして情趣深いと言います。

さらに「夜明け近くにようやく現れた月、青みを帯びて深山の杉の梢にかかっている月、時雨れる空の群雲に隠れている月が、心にしみて切ない」と綴っています。

完全無欠は美しいものです。その同じ美しさが、不完全で欠けたものにも看取されるのです。

真円で満ち足りた「十五夜」の月はもとより、欠けて満たない「十三夜」の月も、とても魅力的です。季節の流れの中で、その時々のすべての場面が、実は満ち足りているということなのでしょう。

来《きた》る「十三夜」、名残の月はどんな姿を見せてくれるでしょうか。

絶対秘仏

当山の本尊、薬師如来は「秘仏」です。

特定の日に開帳するということすらない、いわゆる「絶対秘仏」です。今までも、そしてこれからも、その容姿を目にすることはできません。如来は開眼して以来、可視化されることなく、姿なき存在として奉られ続けてきたのです。

姿なき存在とは言っても、如来は自身の姿を隠しません。そして、見られることを拒みません。

ただ、見る側が、見ることによって、見えなくしているのです。

例えば、荘子に「成《せい》と虧《き》」の話があります。琴の名手に昭文《しょうぶん》がいます。彼が弦をつま弾けば、たちまちに妙なる旋律が「成」り、聞くものを魅了します。しかし、そもそも、旋律の展開というのは無限にあります。

彼が奏でる旋律は、無限のうちの一つに過ぎません。彼が一つの旋律を「成」すことは、それがいかに妙なるものであっても、「成」されなかった無限の旋律が「虧《うしな》」われていることでもあります。

無限の旋律を無限のまま「成」り立たしめるには、つま弾くのを止めることだ、というのです。

昭文が一つの旋律を「成」すように、如来を一つの姿に「成」すことで、無限の如来を「虧」う。無限の如来を無限のまま知るには、見るのを止めることです。

さらに「渾沌《こんとん》」の話があります。未分化で秩序のない存在である渾沌。目鼻を持たない渾沌に、七穴（目鼻耳口）を穿つ（分化し秩序化する）と、渾沌は死んでしまった、という話です（本書四八〜四九頁参照）。

生き生きとした渾沌の生命は、知覚の檻に閉じ込められることで、断たれます。見ること知ることが、存在の真相を失うという話です。

真塗《しんぬ》りの厨子《ずし》に納められた如来の前に趺坐《ふざ》し、一座の行法を修するのが、住職の日課です。

秘仏というしつらえに導かれるように、目前の姿なき存在に、思いを巡らせています。

十一月

一度捨ててしまうこと。
凝り固まった頭をほぐし、心を重圧から解き放つ

出会い

人は一生のうちに幾度か決定的な出会いを経験すると言われます。

その出会いが、以後の生き方を方向づけ、幽明界《さかい》を異にしてもなお、絶えず問いかける存在との出会いです。私にとって宗教哲学者の西谷啓治先生との出会いが正しくそれでありました。

先生と出会われた多くの人々が共通の感慨を語っています。「私が私を知る以上に、私のことを知っている人だ」と。同様の感銘を私も受けました。

初めて講義を拝聴したときの名状し難い感動は忘れることができません。先生に感じるこの印象は、先生によって自己以上の自己が開かれ、その「開け」の場が私の本来の場でもあるが故に生まれてくるものでしょう。

自己の深処、「開け」に気づかせる導師でした。先生が教壇を退かれる最終講義までの六年間、親しく教えを受けえたことは無上の幸福でした。

先生が、西田幾多郎先生からのことばとして「好児、爺銭《やせん》を用いず」ということを言われたことがあります。

「よく出来た子供は、親の財産をあてにしない」というのが文字通りの意味です。これを一寸読み込むと、「師と同じ開けに目覚めた弟子からは、ものまねではない、その人ならではの響きをもつ、新たなことばが流れ出る」ともなりましょう。

先生は口癖のように「で、君自身はどうですか」と繰り返されました。蓄積した知識を羅列するのではなく、自ら思索し尽くし、そこに湧き出ることばを語れ、という教示でした。

平成二（一九九〇）年十一月二十四日の早暁、先生は入寂されました。今年は二〇〇七年、早くも十七年が過ぎます。相国寺のお墓に参らねばと思っています。

風・幡・落ち葉

落ち葉の季節となりました。

自坊で紅葉するのは坪庭にある一本のカエデだけです。微かに色づきかけた葉々ですが、風に吹き捲《まく》られ散るものもあります。一陣の風に舞い散るその色葉を見て、思い出した話があります。禅の六祖《ろくそ》・慧能《えのう》にまつわる「風幡《ふうばん》の問答」です。

あるとき、一人の法師《ほっし》が仏典を講義していました。

突然風が吹いて、境内に建てられていた刹竿幡《せっかんばた》が揺れ動きます。その幡の動くのを見て、法師が聴衆に問います。「風の動くや、幡の動くや」。ある者が言います。「風が動く」。またある者が言います。「幡が動く」。各自相争い、法師に答えを請いますが、決着をつけることができません。

そこで、聴衆の中の一人の行者に判断を求めます。行者は言います。「是《こ》れ風の動くにあらず、是れ幡の動くにあらず」。法師が問うて、「それでは一体何が動くのか」。行者は答えて言いました。「人の自心、動くなり」。

この行者こそが、得法《とくほう》の後に隠遁生活を送る慧能その人だったのです。

「風幡の問答」は指摘します。「ある」ということは「知る」ということだ、と。風・幡、さらには落ち葉という、私たちが素朴に実在（ある）と信じて疑わない「もの」が、実は「認識されたもの」以外の何物でもないことを気づかせます。

私たちは、持てる認識手段によって創り出された限りの「もの」しか知り得ないという宿命を背負っているのです。

「世界は我々の認識なしには存在しないであろうが、それにもかかわらず、我々は世界のうちに存在している」という逆説《パラドックス》こそが、それの惹き起こす動揺によって、我々を判断中止へと導くのです。

守・破・離（二）

以前にも紹介しましたが、「守・破・離」ということばがあります。まず教えられた型を「守」り、やがてその型を「破」り、ついにはそれを「離」れるという、修行の深まる道程を表現したことばです。探求の果てに行きつく先は「離」の境地です。

同様の発想を、たとえば世阿弥の「序《じょ》・破《は》・急《きゅう》」ということばに窺うことができます。能楽の五番立ての番組構成もこれに基づいています。

初番目物は、基本の型にそって素直に演じられる「序」の曲目です。二番目物は「序の名残」。三番目物は、基本の演技に応和して細やかな技巧が加わる「破」となります。

幽玄美あふれる曲柄です。しかし完成された美しさが崩壊の序章でもあるように、静寂から喧噪へと転調します。

四番目物、五番目物と追われるように速度を増して、ついに弾けて停止します。「急」転直下の幕切れです。豪快な躍動から、あっけないほど一気にすべてが捨て去られるのです。

「守・破・離」といい「序・破・急」といい、一切の事物に具わる普遍的な構造を表したことばです。そして一連の修練は「離れる・捨てる」の境地に極まります。

さて、仏教でも「捨てること」は重要なテーマです。唐の禅僧、趙州《じょうしゅう》和尚の話があります。あるとき修行僧が趙州和尚に問いました。

「何もかも捨て去って一物も持っておりません。この上如何にすべきでしょうか」。答えて「放下着《ほうげじゃく》（捨ててしまえ）」。

僧は重ねて問います。「すでに何も持っていないのに何を捨てよと言われますか」。和尚は「それならば、そうやって捨てたという意識にしがみついておればよかろう」。そう言われて、僧は目が醒めました。

木鶏《もっけい》

大相撲十一月場所が、始まります。一年納めの九州場所です。

早くもそんな時期になりましたが、二〇一〇年の今場所の関心はもっぱら、白鵬の連勝記録でしょう。順調に勝ち進めば七日目に「昭和の角聖」双葉山の記録、六十九連勝に並ぶことになります（結果は六十三連勝で歴代二位）。

その双葉山が、七十戦目にして敗れたとき、「いまだ木鶏におよばず」と語ったことは有名です。「木鶏」とは、「列子《れっし》」「荘子」の故事に由来することばです。

昔、紀悄子《きせいし》という名人が、王のために闘鶏を養っていました。王が尋ねます。「鶏はもう闘えるか」。答えて「まだです。むやみに強がって威勢を張ります」。

十日して再び尋ねます。「まだです。ほかの鶏の鳴き声や姿に反応して、たちまち身構えます」。

また十日して尋ねます。「まだです。ほかの鶏を見ると、にらみ付け、気負いたちます」。さらに十日して王が尋ねると、紀悄子は答えました。「完成の領域です。ほかの鶏が鳴こうと、もはや動じません。まるで木で作った鶏の如《ごと》くです（これを望むに木鶏に似たり）。徳が円満しています。あえて相手になろうとする鶏はなく、背を向けて逃げ去ってしまうでしょう」。

以前、「守・破・離」について述べました。芸道であれ武道であれ、修道《しゅどう》の深まる過程を端的に表したことばです。

最初は型を「守」ります。やがてその人なりの工夫によって、型が「破」られます。果たして道を体得し、極まるところが「離」の境地です。型を意識する「守・破」の次元を一気に超えた、自由な創造の境地です。

双葉山の目指した「木鶏」の境地は、「離」の境地に通じます。相撲道が、精神の完成を求める道としてある限り、そして、その道を歩もうとする者のいる限り、輝きを失うことはないのだと思っています。

一休禅師忌《いっきゅうぜんじき》

朝夕の冷え込みと、日中の日差しのわずかな衰えが、季節の変化を感じさせます。晩秋の風は冷え冷えとして、雨は寒々としています。行きつ戻りつする季節の変わり目ではありますが、木枯らし一号や初雪の便りも届きはじめました。明日は立冬を迎えます。

色合いを深めた紅葉が嶺嵐《りょうらん》に舞い散るこの季節に、人々に親しまれた禅僧、一休宗純は遷化《せんげ》されました。

名利を求めない精神と自由奔放なふるまいで、一休は庶民に慕われました。多くの逸話が残されていることからも、その人気の程を窺うことができます。逸話の一つに、遺言の話があります。

戦乱、飢饉、疫病の相次ぐ激動の時代を生き抜いた一休でした。晩年のこと。応仁の乱で焼失した大徳寺の堂宇《どうう》を再建するために、住持《じゅうじ》となります。やがて再興を果たし、八十八歳で臨終を迎えます。

「もし将来、この寺が解決困難な問題に直面したなら、そのときこれを開けなさい。それまでは、決して開けてはならぬ」と言って一通の遺言状を残しました。

一休亡き後、弟子たちは力を合わせて寺を護ります。幾度かの危機を乗り越えますが、ついに存亡の機に陥ってしまいました。弟子たちは追いつめられます。

最後の望みです。すがる思いで、師の遺言状を開きました。そこにはこう書かれてありました。

「心配するな、どうにかなる」

一度捨ててしまうこと。凝り固まった頭をほぐし、心を重圧から解き放つことばです。身軽な心からは、新しい力が湧いてきます。

この逸話も、実は後世の創作のようですが、みごとに一休の目線を捉えます。人々は、飄々とした一休の生き様に、心を重ねたのかもしれません。

一休禅師が「一休」と号するきっかけとなった歌があります。

有漏路《うろじ》より　無漏路《むろじ》へ帰る　一休《ひとやすみ》
雨ふらばふれ　風吹かば吹け

（煩悩［漏］から解き放たれ、本来の居場所に落ち着く。安心《あんじん》の開《ひら》け。ただ雨は降る。ただ風は吹く）

十二月

「無学」「離」の境涯は、「何もないことの中に、
尽きることのないすべてがある」世界である

成道会《じょうどうえ》

今日は、釈尊が悟りを開かれた「成仏得道《じょうぶつとくどう》」の日です。

これにちなんで各僧堂では成道会が行われます。臘月《ろうげつ》（十二月）の八日であることから、この法会は、臘八会（ろうはつえ・ろうはちえ）とも呼ばれています。

悟りは仏教の原点です。

釈尊は言われます。「私がいつも何を念じているかといえば、ただブッダ（悟り）への道を念じている。私がいつも何を行っているかといえば、ただブッダの道を修している。私がいつも何を話しているかといえば、ただブッダへの道について話している。私は片時もブッダへの道を忘れない」。

また、こんな話も残っています。あるとき釈尊が比丘《びく》たちに宣べられました。「私は余命いくばくもない。あと三月を過ぎると命尽き、入滅することになる」。それを聞いた比丘たちはとても慌てます。そして嘆き悲しみます。そんな中、アッタダッタという比丘だけは、仲間から離れて修行に専心しました。

それを見た他の比丘たちは、「師を思う心に欠ける。自分勝手だ」と言って彼を責めました。釈尊はその様子を見て、言われました。

「香やその他のもので、私を供養してくれるのは最高の供養とは言えない。悟りの完成こそが、供養のうちで最高のものだ。彼を見習い、まずわが身を修めよ」。そして釈尊は偈頌《げじゅ》を唱えられました。

如何なる状況にあろうとも、
決して自己のつとめを怠るなかれ。
自己のつとめの本分を熟慮し、
自己のつとめに専心なるべし。

――『ダンマパダ』

ゆるし・寛容・慈しみ

十二月のこの時期、よく尋ねられることがあります。それは「クリスマスの過ごし方」です。仏教徒、それも出家者がこの時期をどんなふうに過ごすのか興味があるようです。

私に限っていえば、さすがにクリスマスツリーにイルミネーションを飾ることはしませんが、それなりにケーキは頂くし、ワインやシャンパンを頂いたりもします。

さらに告白すれば、この文章を書きながらリピートしている音楽は、マタイ受難曲(旧版全集)・四十七アリア「憐《あわ》れみたまえわが神」です。

このアリアは懺悔の歌です。「主とともにあらば、牢獄《ろうごく》も死も厭《いと》わない」と語ったペテロが、自己保身のために、イエスの弟子であることを否定してしまいます。自らの脆弱さをなげく悔恨の詠唱《アリア》なのです。

しかしそれにも増して、そんなペテロに変わらぬ眼差しを注がれるイエスのゆるしの歌であると、私は思って聞いています。

そして、ゆるし・寛容・慈しみといえば、聖母マリアなくしては語れません。キリスト教各派によってその立場が大きく異なるマリアですが、こんな話があります。

あるとき、イエスが天国を見渡しました。するとそこに、天国にいる資格のない人たちがいます。早速、天国の番人であるペテロに、検閲の甘さを詰問しました。

ところがペテロはこう言うのです。「私はできうる限り厳密に審査を行っています。ところが困るのは、お母上マリア様です。哀れに思《おぼ》し召して、私の目の届かぬ所で、この地に相応《ふさわ》しくない人たちを入れてしまわれるのです」。

すべての人の罪を一身に背負った存在、イエスを産み出す母胎が、限りない慈しみの化身であることに疑いの余地はありません。

異なる宗教を一つに語るのは無謀でしょうが、この寛容と慈しみのモチーフは、私の中では一つなのです。

守・破・離（三）

仏教では、学ぶことを極め尽くして、もはや学ぶということの無くなった境地を「無《む》学《がく》」と言います。

「無学」に到るまでの学びの過程は「有《う》学《がく》」と呼ばれ、煩悩を断ち、執着を離れる修行過程の境地です。

老子のことばを借りれば、「学問をすれば日々に増えるが、道を修行すれば日々に減る。減りに減らせて無学に到る。無学の境地にあって、学びにあらざるものはない」というところでしょうか。

さて、修行の深まる過程を表現したことばに「守・破・離」があります。教えを

「守」り「破」り、試行錯誤しながら学ぶ過程は「有学」に相当します。そして果たして、学ぶということから「離」れたところに「無学」の境地が開けます。

精神の深みと完成を説く修道論の多くが「守・破・離」と同じ発想に基づいています。例えばニーチェは『ツァラトゥストラはかく語りき』の中で「精神の三つの変化」を挙げて物語ります。精神が「ラクダ」になり、「シシ」になり、「子供」になる次第です。

寂寥たる砂漠において、自ら求めて最も重い荷物をわが身に負い、ただ重荷に耐えるだけの「ラクダ」の精神（守）が、新しい創造のための自由を獲得する「シシ」の精神（破）へと変化します。そして「シシ」もなしえなかった創造の遊戯を、軽々とこなす「子供」の精神（離）へと変化するのです。

子供は無邪気そのものであり、忘却である。一つの新しい始まり、一つの遊戯、一つの自然に転がる車輪、一つの最初の動き、一つの神聖な肯定である。

「無学」「離」の境涯は「子供の精神」に通じ、「何もないことの中に、尽きることのないすべてがある」世界です。

臘八《ろうはち》

臘月《ろうげつ》（十二月）八日、お釈迦さまが悟りを開かれたことを讃えて、「成道会《じょうどうえ》」が執り行われます。

釈尊が悟りを開かれたのは三十五歳のときです。それからの四十五年間、八十歳で入滅されるまで、教えを説いて遊行《ゆぎょう》の日々を送られました。仏の説いた教えは、まさしく、悟りについて語られたものでした。

それでは、仏教の源泉「悟り」とはどのような事態なのでしょうか。一寸、考えてみましょう。

まず、一筋の光があると想像してみます。懐中電灯を灯したときのように、一筋の光が闇を照らします。光に照らし出されると、光の及ぶ範囲のものごとを知ることができます。光は、理性の光です。

「もっと知りたい」と願い、光の力を強めます。光量が多いほど、たくさんのことが分かるのです。こうして、光の及ぶ範囲は着実に広がっていきます。世界は、より広く深く理解され、やがては世界の全貌を知ることになるであろうと期待されます。

ところが、あるとき気づきます。光が照らし出すものごとが、光の持つ特性によって形作られたものに過ぎないということを。私が知り得るものごとは、どこまでも理性の光によって限定されたもの、枠づけられカッコに封じ込められたものであることを。

この「気づき」が契機です。それまで唯一の依り処であり、世界定立の根拠であった光を、消し去らなければなりません。漆黒の闇を畏れながら、それでも、スイッチは切られます。

理性の光の消滅は、思わぬ事態を巻き起こします。光輝《こうき》燦然《さんぜん》。畏れるべき闇どころか、煌々と輝く全き光に解け込むのです。あまりの劇烈さに眩暈《げんうん》するほど圧倒的な光瑰《こうかい》です。顧みると、理性の光は、この噴湧《ふんよう》する光を弱め、手なずけるための装置であったのです。

体験は各自。「臘八」を目前に一考です。

蜘蛛の糸

「蜘蛛の糸」は芥川龍之介の短編小説です。

最初にこの小説を読み聞かせてもらったのが、いつであったかは覚えていません。しかし、そのとき感じた得体の知れない不安感については漠然と覚えています。話のあらすじはこうです。

ある日、お釈迦様が極楽の蓮池の水を徹《とお》して、地獄の様子をご覧になります。地獄の底で蠢く罪人の中に、犍陀多《かんだた》の姿が御眼に留まります。生前にたくさんの悪事を働いた彼ですが、たった一つ善い行いをしていました。小さな蜘蛛を踏み殺すのを思いとどまったのです。

お釈迦様は報いに、美しい銀色の蜘蛛の糸を、地獄の底へと下したまいます。犍陀多は喜び、糸をたぐって上へと登ります。ところが気づくと、自分の後を数限りない罪人が登ってきます。思わず大声で喚きます。

「この蜘蛛の糸は俺のものだ。下りろ。下りろ」。その途端、糸は切れ、犍陀多は再び地獄へ。一部始終をご覧になったお釈迦様は悲しそうに歩き去られます。

あのとき感じた不安は、一つには地獄の描写への恐怖心からであったと思われます。しかしそれ以上に、「悲しそうに歩き去られるお釈迦様」の姿と、私の持っていた釈尊像との違和感が生み出す不安であったようにも思われます。自業自得とは言うものの、極楽は、どこまでも手の届かない遙かな高みにあるのでしょうか。

ところで「蜘蛛の糸」には原作があることが知られています。

ポール・ケーラスの「Karma（カルマ＝業）」です。鈴木大拙が『因果《いんが》の小車《おぐるま》』として邦訳しています。因果をめぐって関わりあう人々の織りなす、善因善果、悪因悪果の物語です。その一節に「蜘蛛の糸」が語られています。

ちなみに原作では、犍陀多が自ら求めて救いを乞います。応じて御仏は「蜘蛛の糸」という信心解脱《しんじんげだつ》の道を示されます。

御仏は上下を分かつ極楽の高みにいるのではなく、ただ涅槃《ねはん》の境涯にあります。ましてや、御仏が「悲しそうに歩き去られる」というような姿は描かれてはいないのです。

一月

百花の先陣をきる開花のたよりは、
やがて来る春の暖かさを予感させる

翁

「翁」という能の曲目があります。

かつては能上演の冒頭に必ず舞われていましたが、今では正月や祝儀などの特別なときにのみ演じられます。

わけても初会能《はつえのう》での「翁」には格別の趣があります。初春のあらたな空気の中に出現する翁は、絶対の存在感を漂わせます。厳粛さとおおらかさを同時にあわせ持ち、創造の刹那の新鮮さに満ちています。

能楽以前に元芸《げんげい》を持つ「翁」は、能にして能にあらずと言われます。他のすべての能には、ある一貫したストーリーがありますが、この能にはそれがありません。理性的に解釈可能な意味性を超えているのです。

　また、上演に先立って演者たちが戒律をともなう「別火《べっか》」の生活をすることなど、この能を演じる際の心構えと具体的な諸作法が、明らかに他の能とは異なっています。

　そんな「翁」特有の作法の一つに、舞台の上で面をつける所作があります。シテの翁も狂言の三番叟《さんばそう》も直面《ひためん》（素顔）で舞台に登場します。ツレの千歳《せんざい》が舞う間に、シテは面箱から白式尉《はくしきじょう》をとり出します。息をのむ瞬間です。面をつけた刹那、まぎれもない翁がそこにいます。

　着面のときが「翁」のクライマックスだと、私は思っています。別火を通して限りなく無化された演じ手の心が、翁として有化するのは、まさにこの着面のときです。理性的解釈をはるかに超えた「何？」が、「何！」として自らを露呈するのです。

　天地一新。古くて新しい創造の舞いは、年の初めに如何にもふさわしいものだと感じています。

丑年に憶《おも》う

釈尊の個人名は、ガウタマ・シッダールタであると伝えられています。ガウタマとは、「最上の牛」という意味です。アジアの農耕文化圏でとても身近な動物である牛は、神聖で尊ぶべき存在であり、釈迦族のトーテムでもありました。仏教経典には、いろいろな形で牛が登場します。『スッタニパータ』には、牛をはじめ動物を生けにえとする供犠祭を批判した、釈尊のことばが残っています。

牛は我々の最高の友達である。牛は薬（五味《ごみ》＝乳・酪《らく》・生酥《しょうそ》・熟酥《じゅくそ》・醍醐《だいご》）を生じる。食料を与え、力を与え、美貌を与え、安楽を与える。その利益を知って、聖者は供犠を行わない。

『四《し》十二《じゅうに》章経《しょうぎょう》』では、修行者はひたすら精進して諸々の欲望を離れるべきことが、牛を譬《たと》えに説かれています。

> 道を修めることは、あたかも牛が荷物を背負って深い泥沼の中を行くようなものである。牛は疲れが極まっても、左右を顧みることがない。泥沼を離れることのみを願い、やがてそれが叶って、はじめて息をつく。修行者は、牛が泥沼を離れようとするよりも、さらにきびしく欲望を離れようと努力するべきだ。心を真っすぐにして道を念じれば、諸々の苦しみを免れることができる。

『涅《ね》槃経《はんぎょう》』には「五味の説」があり、『法華《ほっけ》経《きょう》』には「露地の白牛の譬え」があります。また『遺教経《ゆいきょうぎょう》』から『十牛図《じゅうぎゅうず》』へと「牧牛の思想」が展開します。自らの心を牛に譬えて、それを牧《か》いならす過程を説くことで、自己実現の道程を示すのです。この他にも、牛の登場する仏典は枚挙にいとまがありません。

さて、二〇〇九年は丑年です。遅々として進まない牛の歩みですが、その堅実さは比類のないものです。着実に一歩を進める一年にしたいものです。

雪の情景

年明け早々、琵琶湖の北部を訪れました。

強い寒波に見舞われた雪の日でした。夕方から降り出した雪がしんしんと積もり、翌朝には見渡すかぎりを白一色に変えていました。立ち枯れた草の茎にも、捨て去られた塵芥の上にも雪は降り積もっています。

雪はこやみなく降りつづいていました。

霏霏《ひひ》として舞い降りる雪片を眺めながら、漂泊の俳人、種田山頭火の句を思いました。

生死の中の雪ふりしきる

山頭火が出家して、まだ間もない頃の句です。

絶え間なく降りそそぐ雪の情景が、拭っても拭っても、拭いきれない煩悩のイメージと二重写しになっています。生死の迷いを克服できない無力感が素直に吐露されます。生きることも、死ぬことさえもままならなかった山頭火のやるせなさが悲しく響くようです。

今度は、降りしきる雪の中に身を置いてこの句を口ずさんでみました。「雪ふりしきる。雪ふりしきる……」。ゆっくり何度も復誦するうち、しかし、ここに読み込まれているのは、絶望感だけではないように思えてきました。

凍てつく雪は、確かに辛く厳しいものではあるけれども、ことばを超えて美しい。雪の情景は、纏綿《てんめん》とする煩悩のイメージであると同時に、美しくすべてを包み込む慈愛をも彷彿させます。

舞い落ちる雪の中で思いました。願わくば、これらの雪が、すべてに等しく降りそそぐ慈しみのかけらであることを。

高松の栗林公園では、平年より十七日早く梅が開花したと言います。

奇しくも湖北の大雪と同じ日でした。百花の先陣をきる開花のたよりは、やがて来る春の暖かさを予感させます。そして凍てつく雪の中にも、そそがれる暖かさがあるのだと、寒中に思いました。

卯年の初めに

二〇一一年、卯年を迎えて早々に、それまで正体の分からなかった泥人形が、「兎児爺（トゥルイエ）」であることを知りました。

モチーフがウサギであることは一目瞭然です。かぶった武官の兜からは長く尖った耳が突き出し、鎧の上に錦の長衣をまとって、虎にまたがります。一見、讃岐の郷土玩具「奉公さん」にも似た素朴な風合いの人形です。

兎児爺は、月のウサギ（玉兎《ぎょくと》）の姿を象ったものであると言われ、その故事が伝わっています。昔、北京の城下で流行病が猛威をふるいました。効く薬もなく、手の施しようがありません。人々が苦しむ様子を見た月の神「嫦娥《じょうが》」は玉兎を地上へ使わします。

玉兎は、まず少女の姿となって家々を回り病人を治療しました。

さらに、あるときは油売り、あるときは占い師、男に女にと、あらゆる姿を借りて現れます。一刻も早く、一人でも多くの人々を治そうと、馬、鹿、獅子、そして虎をも駆って隈なく城の内外を回りました。

人々はお礼がしたいのですが、玉兎は何も求めません。やがて流行病を治めきると、月宮へと帰って行きました。

人々は玉兎を象った人形を作り、手を合わせ、心から感謝しました。

見返りを求めず、ひたすら救済に尽くす玉兎の姿が印象的です。中国の古い壁画に、月のウサギが薬を搗く様子が描かれているのは、この故事に由来するのでしょうか。

仏教に「自利《じり》・利他《りた》」ということばがあります。他の救済のために尽くすこと（利他）が、そのまま自らが深まる（自利）ことであるという意味です。

あらゆる状況に応じて、最も効果的な姿を借りて、人々の病を癒やした玉兎は、利他行の権化です。利他行は、玉兎を限りない幸福感で満たしたに違いありません。

年頭に「兎児爺」の来歴を知ったのは、自利、利他への導きであると思われてなりません。

龍

十二支に挙げられる動物のうち、「龍」だけは抽象的で複雑な姿をしています。

宋代の博物誌『爾雅翼《じがよく》』には「角は鹿、頭はらくだ、眼は兎、項《うなじ》は蛇、腹は蜃《みずち》（大はまぐり）、背中の鱗は鯉、爪は鷹、掌《てのひら》は虎、耳は牛に似る」と記されています。

「龍」の姿は時代とともに変化しますが、実は、その変容がそのまま平和と協調の歴史であると言うことができるのです。

古来、部族・血縁集団には、自らに生命を与える特別な動植物との関わりが考えられました。いわゆるトーテムです。

例えば、インドの釈迦族は「牛」トーテムであり、中国の秦王朝は「鳥」トーテムであり、日本の物部氏・藤原氏は「鹿」トーテムであると言われています。「龍」も、このトーテムの一つとされます。

異なる部族が出会ったとき、もし武力で一方が他方を征服すれば、勝者のトーテムが維持され、敗者のトーテムは破棄されてしまいます。ところが、双方が平和のうちに結束し融合すれば、トーテムも結びつき新たな姿を現します。

「龍」の姿は時代と場所によって絶え間なく変化し続けます。その姿が複雑であればあるほど、多くの寛容な出会いを経験したことの証しでもあります。

この意味で、多数のトーテムを一身に宿らせた「龍」の姿は、平和と協調の歴史を物語っていると言えるのです。

昨年二〇一一年、幸福の国・ブータンから国王夫妻が来日されました。その国旗には中央に白い雷龍が描かれています。国王が福島の小学生に語った龍の話は記憶に新しいところです。


「龍を見たことがあるかい？　私はあるよ。龍は私たち一人ひとりの中にいるんだ。経験を食べて大きくなる。年を重ねてどんどん逞しくなるんだ。この龍を、いつもしっかりとコントロールしなければならないよ」

今年二〇一二年は「龍」の年です。平和と協調を具現し、豊穣、力、創造性の善意に満ちた年にしたいものです。

二月

「すべてのものは移りゆく。
怠ることなく、つとめなさい」

白髪生ずれば

節分・立春という季節の大きな節目が巡ってきました。

節分は四立《しりゅう》（立春、立夏、立秋、立冬）の前日です。年に四度の節分のうち、特に立春前日の節分を一年の納めとして、追儺《ついな》の行事が行われます。明けて立春は新しい一年の始まりです。

しかし新春を喜んでばかりもいられません。また一つ年を取るのですから。放漫のうちにさらに馬齢を重ねるのかと思うと、焦りとも諦めともつかない複雑な気持ちがわき上がるのも事実です。

お釈迦様は言われます。「白髪をいただくから、長老（年老いて尊敬に値する人）であるのではない。その齢《よわい》、ただ熟するのみであるならば、彼はいたずらに年老いた者と称せられる」。

さらにこうも言われます。「たとえ、百年の寿命を生き永らえ得るも、怠って努力をすてたならば、ひたすらに努め励みて、一日生きるほうが勝る」。

なんとも耳の痛いことばです。加齢は怠慢の言い訳にはなりません。むしろそれをきっかけとして、前向きに生きることが勧奨《かんしょう》されます。

釈尊が讃えた偈頌《げじゅ》があります。自らに白髪の生じたことを知った有徳の王が口ずさんだ偈頌です。

わが頭すでに白髪を生ず
寿命うたた衰えたり
すでに白髪の生じ来たれば
今やまさにわが学道のときなり

世間的価値の頂点を極めながら、老いを契機にあっさりと王位を退きます。一念発起。

生きる意味、本当の価値を問い直す求道の人となりました。
新春を明日に控えて、白髪まじりの頭を眺めながら自らを鞭打つことと頻りです。

水中の水滴

「水中の水滴は、自己主張しなくても、水そのものだ」

ここ数か月のあいだ、頭を離れない一文です。けれども嘆かわしいことに、どこに書かれていたのか思い出せません。経典にあったのか。解説書にあったのか。心当たりの文献を探してみましたが、未だに出典を見つけ出すことができずにいます。私の老化は着実に進んでいるようです。

およそことばというものは、文脈《コンテクスト》のなかで意味を発揮します。ですから、この文の前後の流れを知ることは大切です。

しかし一方で既存のコンテクストを解体し、この一片の文章を読みなおすことも可能です。出所不明のこの一文が頭をよぎる度に、新しい意味の読み起こしを試みています。「水中の水滴は、自己主張しなくても、水そのものだ」。冒頭の部分を、「水（仏）中の水滴（私）」と読むことで、人は本来、仏であることを説くことばと意味づけることができます。

次の部分は問題です。「自己主張しなければ」でしょうか。それとも「自己主張しなくても」でしょうか。「自己主張しないことが仏に帰入する道」であるのか「自己主張してもしなくても既に仏」であるのか、肝心なところです。

最後の部分「水そのものだ」。一粒の水滴（私）が本来あるべき居場所に溶けこんで、大きな安心《あんじん》が開けます。

そういえば、こんなフレーズがありました。

「求めて得られるものは、たかが知れている。求めることをやめたとき、すべてはここにある」。さて、これはどこに書かれていたのか……。

涅槃会《ねはんえ》

仏教に三大法会があります。

四月八日、釈尊が生まれた日に営まれる降誕会《ごうたんえ》。十二月八日、釈尊が悟りを開かれた日に営まれる成道会《じょうどうえ》。そして釈尊入滅の日に営まれる涅槃会が、二月十五日です。

それぞれが釈尊の生涯の、大きな節目にあたります。釈迦族の王子として生まれた釈尊は、三十五歳で悟りを開かれ、それより四十五年にわたり乞食遊行《こつじきゆぎょう》し、八十歳で入滅されました。旅の最後の様子が仏伝には記されています。

「三か月後……」。自らの死期を予告した釈尊が、説法の歩みを止めることはありませんでした。重い病をおして村々を経て、やがてクシナガラに到ります。河のほとりの木立のもとで休まれます。

「二本ならんだサーラ樹（沙羅双樹）の間に、頭を北に向けて床を用意しておくれ。わたしは疲れた。横になりたい」

釈尊は右脇を下にして、足を重ねて臥し、心を正しくとどめました。涅槃を目前にして、自然界、天界では、音と香りと視覚による壮大な現象が展開します。しかし釈尊は修行者たちに言われました。

「このように繰り広げられる壮大な現象が、真に、修行完成者を供養していることを現しているのではない。あなたたちそれぞれが、法《ダルマ》に従って実践し、修行を完成すること、それこそが最上の供養を現すのです」

さらに涙を流す者たちに語りかけます。

「悲しみ嘆くことはない。すべての愛する者、いかに愛しい者とも、いずれは別れねばならない。およそ、生じたもの、作られたもので、破滅に到らないものはあり得ないのだ」

しばらくの沈黙の後、おもむろに最後のことばを告げられました。

「すべてのものは移りゆく。怠ることなく、つとめなさい」

「時空」感

時間というのは不思議なものです。

同じ「時」を過ごしても、早く感じられたり、遅く感じられたり、一様ではありません。ふり返って記憶をたどると、強く印象に残っている時もあれば、全く印象に残っていない時もあります。時間の流れは一様で単調なものではなく、まるで濃淡に富んだ墨絵のようなものだとイメージできます。

仏教経典では、たくさんの時間や距離の単位が登場します。例えば距離の単位として頻出するのが「倶盧舎《くるしゃ》（クローシャ）」です。「牛の鳴き声が届く限界の距離」とも「修行者の住む森から、乞食のためにに訪れる村までの距離」とも言われます。

そして、その四倍（八倍とも）の距離が「由旬《ゆじゅん》（ヨージャナ）」です。「牝牛が満載の荷車を引いて一日に進める距離」とも「帝王の軍が一日に進める距離」とも言われます。時間の単位では「刧波《こうは》（カルパ）」が頻出します。「四方上下が一由旬（四十里とも）の城中に充満させた芥子の実を、百年（三年とも）に一粒ずつ取り出し、そのすべてが無くなるのに要する（無くなってもまだ終わらない）時間」とも、「四方上下が一由旬の盤石を、百年に一度舞い降りる天女がその羽衣で払って、石が摩滅するのに要する時間」とも表現されます。

単位系として、はなはだ客観性を欠くと言われればそれまでです。けれども、単調で無表情なものさしによっては、存在の濃淡、機微、息づかいを測り尽くすことは困難です。ゆらぐ主体の眼差しに満ち溢れた時空感が、そこにはあります。

西田幾多郎先生『善の研究』からの一節です。

ハイネが静夜の星を仰いで蒼空における金の鋲といったが、天文学者はこれを詩人の囈語《げいご》として一笑に附するのであろうが、星の真相はかえってこの一句の中に現われているかも知れない。

蝶の羽ばたき

冬の寒さが格別に身にしみます。

ここ数年、暖冬が続いたからでしょうか。地球温暖化でこの先、冬は暖かくなる一方なのかと思っていましたが、そう単純な話ではなさそうです。

一般に、温室効果ガスが主因となって、地球は温暖化していると言われています。しかしそれを否定し、太陽の活動低下によって地球は寒冷化していると主張する有力な説もあります。

いったい地球の環境はどう変わっていくのでしょうか。温暖化なのか。寒冷化なのか。未来を予測するのはとても難しいです。

「バタフライ効果」ということばがあります。気象学者エドワード・ローレンツの講演「予測可能性――ブラジルで一匹の蝶が羽ばたくとテキサスで大竜巻《トルネード》が起こるか」から生まれたことばです。

ローレンツは、誤差としてかたづけられてしまいそうな初期の極めて小さな条件の差が、未来を大きく変化させることを、端的な譬《たと》えで表現しました。それが「バタフライ効果」です。

蝶の羽ばたきの有無という、ほんの些細な条件の違いが、時間とともに差を拡大し、ついには遙か彼方の地で、竜巻の有無という決定的な現象の違いを導く。この譬えを借りて、未来を正確に予測することの可能性を否定しています。

「バタフライ効果」の話からは、未来予測の不可能性というメインテーマの他にも、さまざまなメッセージを読み取ることができます。

「気づかないほどのわずかな行為が、未来に及ぼす影響というのは、想像を超えて遙かに大きい」というのも、そのひとつです。

それ気《き》海微《かいすくな》しと雖《いえど》も忽《たちま》ち満界《まんかい》の雲を起こし、眼精《げんせい》至って小なれども能《よ》く遍虚《へんこ》の物を照らす。

（そもそも腹中のほんの一息は、わずかではあるけれども、たちまちのうちに世界を覆うほどの雲を起こし、瞳はごく小さなものであるが虚空の全ての物をよく照らす）

空海の文章『平城《へいぜい》天皇灌頂文《かんじょうのもん》』です。始まりの、ほんのわずかな気配を疎かにしてはなりません。

三月

表面に現れた行為のみならず、未だ表面に現れぬ
心中の行為を等閑にしないことの大切さ

知るを知る？

「私の見ている〈赤〉と、あなたの見ている〈赤〉とは同じだろうか？」という疑問を抱いたことはありませんか。これは「知る」ということをめぐる難問の一つです。「知る」とはどういうことかを説明するために、仏典にはたくさんの寓話が用意されています。

一頭の象がいます。その姿を知ろうとするのですが、このとき唯一、触覚という知覚手段が与えられたと想像してください。触れることによって知ることができるのです。

まず牙に触れた者が、大根の如しと言います。次に耳に触れた者が、箕の如しと言います。頭に触れた者は、石の如しと言います。鼻に触れた者は、杵の如しと言います。

脚に触れた者は、木臼の如しと言います。背に触れた者は、床の如しと言います。腹に触れた者は、甕の如しと言います。尾に触れた者は、縄の如しと言います。

それぞれの者が象を「知った」と確信します。しかし実際には、限られたイメージを作り出したに過ぎないのです。

私たちは、持てる感覚のすべてを駆使して知ろうとします。そして知識が増えることが、真相に近づく道だと考えています。

しかし、この寓話は語ります。「知る」ことがかえって真相を知り得なくしているということを。

真相は明かされなければなりません。仏典に用意されたたくさんのことばの中から一つ。

心、木石の如く（動じない）、弁別する（知る）ところなく、心に所行なく（起滅する心の働きが停まり）、心地、空の如くならば、慧日《えにち》（真知の太陽）自ら現れて、雲の開き、日の出づるが如くに相似ん。

――百丈《ひゃくじょう》懐海《えかい》『景徳伝灯録』

心を省みる

「心の時代」と言われています。

ことさらに心が問題として取り上げられるのは、心が等閑《なおざり》にされていると感じられるからにほかならないでしょう。心に注意を払うことが必要だという思いが、「心の時代」と語らせるのです。

人間の行為を「身（からだ）語（ことば）意（心）の三つの業《ごう》（行為）」に分類するのは釈尊に遡る古代インドからの伝統です。身業《しんごう》とは身体の動作を伴う行為。語業《ごごう》とは言語で表現する行為。意業《いごう》とは心中の思いや想像による行為です。

このうち身業と語業は、外部から一目瞭然です。具体的で即物的な行為として形を持ちます。それに対して意業は、外部からは窺い知ることのできない心中の働きです。

通常、表面に現れる行為に目が奪われます。けれども仏教では、潜在的な心の行為に、とりわけ注目します。この心中の思いこそが、顕在的なものごとを決定づける根源であると考えるのです。

「心はすべてに先だつ。心のあるとおりに、そのように語がある。語があるとおりに、そのように行いがある」と言われています。

表面に現れた行為のみならず、未だ表面に現れぬ心中の行為を等閑にしないことの大切さが説かれるのです。

「ものごとは心に基づき、心を主とし、心より成る。けがれた心で語り行うなら、苦しみはその人につき従う。轍が車輪につき従うように。清らかな心で語り行うなら、楽しみはその人につき従う。影が身体から離れないように」とは、『ダンマパダ』冒頭の偈《げ》頌《じゅ》です。

年功序列

年功序列というシステムが崩れて以来、成果主義、能力主義、さらにそれらの複合型と、より公平で安定した制度が模索されています。

誰もが納得のいく理想的な評価基準を見いだすのは本当に難しいことだと思います。

さて出家者の場合です。出家者の序列はまさに年功によっています。その年功は原則として、安居《あんご》の経験回数で決まります。

安居とは、夏《げ》安居とも雨《う》安居とも呼ばれます。サンスクリットの「ヴァールシカ」の漢訳で、雨期を意味します。古来インドでは、バラモンをはじめ一所不住《いっしょふじゅう》の遍歴遊行《ゆぎょう》者が、雨期には遊行をせずに一か所にとどまりました。

この時期は、草木が芽生え、虫などの多くの小動物が動きを活発にします。これらの生き物を無意識のうちにも殺生することを避けるために、外出をつつしんだのです。仏教の出家修行者も、雨期の間、洞窟や精舎《しょうじゃ》に定住して修行に専念しました。

気候の異なる日本でも、安居を勤めます。出家し受戒を終える（仏弟子となる）と、安居に参加します。四月十六日から七月十五日までの一夏《いちげ》九十日間です。

この安居経験を法（年・戒）臘《ろう》と言い、出家者の序列は、法臘の回数によって定まります。回数の多い順に、極臘、一臘、上臘、中臘、下臘、浅臘などと呼びならわされます。

そして年功の序列を、臘の次第という意味で「臘次《らっし》」と言います。ちなみに、ものごとの上下の順次が滅茶苦茶で、無秩序、乱雑なことを「だらしがない」と言いますが、この「臘次がない」が語源という説もあります。

年功序列。釈尊は、種族社会が栄え続けるために守るべき「七つの法」のひとつとして、「古老を尊び、その意見に耳を傾けること」をあげられています。

恩師との出会い

彼岸も明けて、年度替わりを迎えます。

進学や異動などで、生活環境の変わる方も多いことと思います。この時期は、別れと出会いの季節でもあります。

以前、「一生のうちに幾度かの決定的な出会い」として、宗教哲学者・西谷啓治先生との邂逅を紹介しました。私にとってもう一人、紹介せずにはいられない先生がおられます。田中順照先生がその人です。

先生は「空《くう》」と「唯識《ゆいしき》」を究めた学者であり宗教者でありました。

思索は深く鋭く、学会では「縁起理解の通説に対する強力な異論」(井筒俊彦『意識と本質』）を展開されました。経典に対しては、文献学的研究に終始することなく、「そこに示される生命の泉にふれる」ことに潜心されました。

「さとりという事態は、単に知識が増えることではない」と繰り返されたことが印象に残っています。

「多くの聖典を読もうとも、それを具体化することなければ、沙門（修行者）ではない。他人の牛を数える牛飼いのようなものだ」と『ダンマパダ』にも説かれています。

そんな先生にも師との出会いがありました。

鈴木大拙、金子大栄両先生との出会いです。「大雄峰に独座して、婆《ば》心片々《しんへんぺん》、悟りの道を開示したもうた鈴木大拙先生」「窓外に千古の比叡を仰ぎつつ、群萠《ぐんぼう》とともに救いの道を求めたもうた金子大栄先生」と回想される先生は、その出会いを「百千万劫《ごう》にも遇《あ》い難くして遇いえた出会い」と表して、心から感謝しておられます。

思い起こせば、私と先生方との出会いは、ちょうど三月のこの時期のことでした。新しい環境に旅立つみなさまにも、素晴らしい出会いがありますように。

終活

ここ数年「終活」ということばを耳にします。「就活（就職活動）」をもじった流行語です。このことばが簡単に死語となってしまわないのは、私たちがそこに看過できない問題があると感じているからだと思います。

終活とは要するに、人生の終焉に向けての準備活動のことです。具体的な行為としては、遺言を書くこと、自分の葬儀や納骨、供養に関して前もって手配しておくことなどが挙げられます。

エンディングノートなるものもあります。万が一のときに備えて自分に関する情報を書き留めるノートです。

家系図や自分史。親族、友人などの人間関係リスト。その人たちへの伝言。そして、病に臥したときに希望する治療や介護方法。葬儀に関する諸々。

さらには財産について。動産、不動産の一覧。通帳や保険証書の保管場所。それら遺産の分配方法。等々、多岐にわたって思いの内を書き留めるのです。終活といえば、ほとんどの場合、これらの行為を指しているようです。

その行為のいずれもが、後に残る者を慮《おもんぱか》ってのことであると言えます。確かに、残された者は手を煩わせることなく事にあたることができるでしょう。

しかし、これらの行為に、どこか一方的で、自我への強い執着を感じてしまうのは、私だけでしょうか。そして、これらの行為によって解決される問題はほんの僅かであると思われます。

死を見つめ、残された人生の過ごし方を熟慮し、行動することは、とても貴重なことです。しかし、その終活を、これらの行為だけに留まらせるのは勿体ない。

釈尊は言います。

「わが子よ、わが財産よ」

と、愚かなる者は苦悩する。
われすら、われのものにあらず。
なぜに、子供がわがものであり、
財産がわがものでありうるのか。

——『ダンマパダ』

生と死のはざまを彷徨うのではなく、生死《しょうじ》を超えた道を求めるのが「終活」であるべきではないでしょうか。

あとがき

本書『心を省みる』は、四国新聞のリレー連載「紙説法　ビヨンザリバー」に寄稿したエッセイ（二〇〇六年四月二十九日付～二〇一二年九月二十四日付）を新たに編集し、一冊にまとめたものです。

日々の些細な出来事には、数えきれない宝物が散りばめられています。ゆっくりと息を整え、心をすこし開くことで、世界はたくさんのことを気づかせてくれます。エッセイに映し出されているのは、その時々の私の新鮮な「気づき」です。

連載時、一回の原稿には、六百字が与えられていました。六百字はあっという間です。書き連ねるうちに膨れ上がるイメージの中から、要の文脈を「削り出す」作業が必要でした。

言葉を探し、言葉を捨て、言葉を言い換え、言葉の意味を読み替えながら、より身軽で柔軟な言葉を尋ねました。

この「削り出し」作業は、まるで、一片の原石を磨き上げる工程のようでした。私にとって、大変貴重な時間となりました。

現れた「気づき」の輝きが、読者の皆様の心に届くことを願っています。

四国新聞での連載の機会を与えてくださった坂田知應僧正に感謝いたします。連載を終了してから四年あまりが過ぎました。その間、とてもたくさんの人たちにお世話になりました。深い感謝の気持ちを伝えます。書籍化にあたって、出版社・瀬戸内人の淺野卓夫さんの編集に助けられました。ありがとうございました。

——二〇一七年二月七日

初出一覧

本書に収録するにあたり、原稿に一部改稿をほどこした。

はじめに――異なる木を見る［「異なる木を見る」を改題］『四国新聞』二〇〇六年四月二十九日
心の水脈『同』二〇〇七年四月二十八日
釈尊誕生『同』二〇〇八年四月五日
桜花『同』二〇〇九年四月十一日
一年有半『同』二〇一〇年四月二十六日
巣立ち『同』二〇一二年四月十六日
師僧のおもいで『同』二〇〇七年五月二十六日
流水灌頂『同』二〇〇八年五月三十一日
鳥の声『同』二〇一〇年五月二十四日
賢善一夜偈『同』二〇一一年五月二十三日
挨拶『同』二〇一二年五月二十一日
わたしは混沌『同』二〇〇六年六月三日
あるがまま『同』二〇〇八年六月二十八日
六窓一猿『同』二〇〇九年六月八日
出家問答『同』二〇一〇年六月二十八日
梅雨の頃『同』二〇一一年六月二十七日
ジャンケン法意『同』二〇〇六年七月二十九日
執らわれない心『同』二〇〇七年七月二十一日
蟬の声に聴く『同』二〇〇八年七月二十六日
捨てること『同』二〇〇九年七月十三日
沈黙と雷『同』二〇一二年七月三十日
災難の生き方［「災難を逃れる妙法」を改題］『同』二〇〇六年八月二十六日
私意を離れる『同』二〇〇七年八月十八日
火も自ずから涼し『同』二〇〇九年八月十日

エール交換　『同』二〇一一年八月一日
心の調律　『同』二〇一二年八月二十七日
常識　『同』二〇〇六年九月二十三日
老い　『同』二〇〇七年九月十五日
河を越えて　『同』二〇〇八年九月二十日
透明な風景　『同』二〇〇九年九月十四日
秋の響き　『同』二〇一一年九月五日
分別　『同』二〇〇六年十月二十一日
友人のおもいで　『同』二〇〇七年十月十三日
守・破・離　『同』二〇〇九年十月十二日
名残の月　『同』二〇一〇年十月四日
絶対秘仏　『同』二〇一一年十月十日
出会い　『同』二〇〇七年十一月十日
風・幡・落ち葉　『同』二〇〇八年十一月十五日
守・破・離（二）　『同』二〇〇九年十一月十六日
木鶏　『同』二〇一〇年十一月一日
一休禅師忌　『同』二〇一一年十一月七日
成道会　『同』二〇〇七年十二月八日
ゆるし・寛容・慈しみ　『同』二〇〇八年十二月十三日
守・破・離（三）　『同』二〇〇九年十二月二十一日
臘八　『同』二〇一〇年十二月六日
蜘蛛の糸　『同』二〇一一年十二月五日
翁　『同』二〇〇八年一月十二日
丑年に憶う　『同』二〇〇九年一月十七日
雪の情景　『同』二〇一〇年一月二十五日
卯年の初めに　『同』二〇一一年一月十七日
龍［「龍の年」を改題］　『同』二〇一二年一月十六日
白髪生ずれば　『同』二〇〇七年二月三日
水中の水滴　『同』二〇〇八年二月九日
涅槃会　『同』二〇〇九年二月十四日
「時空」感　『同』二〇一一年二月二十一日
蝶の羽ばたき　『同』二〇一二年二月二十日
知るを知る？　『同』二〇〇七年三月三日
心を省みる　『同』二〇〇八年三月八日
年功序列　『同』二〇〇九年三月十四日
恩師との出会い　『同』二〇一〇年三月二十九日
終活　『同』二〇一二年三月十九日
あとがき　書き下ろし

長谷慈弘（はせ・じこう）
一九五九年、香川県高松市に生まれる。
高野山大学院修士課程修了。
大谷大学院博士後期課程満期退学。
現在、清光寺住職。

心を省みる――四季折々の仏教の教え

二〇一七年三月十五日　初版第一刷発行

著者　長谷慈弘

発行人　須鼻美緒
編集人　淺野卓夫
発　行　株式会社瀬戸内人
〒七六〇‐〇〇一三　香川県高松市扇町二‐六‐五
YB07・TERRSA大坂4F
TEL／FAX〇八七‐八二三‐〇〇九九

写真　宮脇慎太郎
校正　瀬尾裕明
装幀・本文組版　大友哲郎
印刷・製本　株式会社シナノ

© Jiko HASE
ISBN 978-4-908875-08-3　C0015

清光寺納骨堂「天空」本尊の
大日如来尊像（池川直作）。